통제 불가능한 아동을 위한 양육서

아동의 자기 통제 능력 증진을 위한 프로그램을 효과적으로 사용하는 방법

아동의 자기 통제 능력 증진을 위한 프로그램을 효과적으로 사용하는 방법

통제 불가능한
아동을 위한
양육서

George M. Kapalka 지음 | 이승호 · 이영나 옮김

Σ 시그마프레스

통제 불가능한 아동을 위한 양육서

아동의 자기 통제 능력 증진을 위한 프로그램을 효과적으로 사용하는 방법

발행일 | 2009년 8월 24일 1쇄 발행

저자 | George M. Kapalka
역자 | 이승호 · 이영나
발행인 | 강학경
발행처 | (주)시그마프레스
편집 | 김세아
교정 · 교열 | 권경자

등록번호 | 제10-2642호
주소 | 서울특별시 마포구 성산동 210-13 한성빌딩 5층
전자우편 | sigma@spress.co.kr
홈페이지 | http://www.sigmapress.co.kr
전화 | (02)323-4845~7(영업부), (02)323-0658~9(편집부)
팩스 | (02)323-4197

인쇄 · 제본 | 해외정판사

ISBN | 978-89-5832-707-3(93370)

Parenting Your Out-of-Control Child

이 책을 완성하기까지 굳건히 나를 지켜준 아내와
변함없는 관심과 이해, 그리고 인내로 나를 키워준 부모님은
훌륭한 부모 역할의 모범이 되셨다.

: 역자 서문

너무나 많은 부모들이 통제가 불가능한 아동을 키우면서 힘들고 괴롭다는 호소를 한다. 대부분의 부모는 아동이 고의적으로 어른들을 힘들게 하기 위해서 말을 안 듣고 분노 행동을 보이는 것으로 간주한다. 특히 한국 부모들은 "세 살 적 버릇 여든 간다"는 속담에 따라, 어린 시절에 아동의 문제 행동을 수정하지 않으면 안 되고 그들의 고집을 꺾어야 한다는 생각 아래 지나치게 강압적 방법으로 훈육을 한다.

처음에는 부드럽게 훈육하다가 아무리 해도 잘 안될 경우 체벌을 하거나 고함을 지르며 올바르지 않은 방법들을 사용한다. 그러나 이렇게 아동들에게 심한 체벌, 고함 등을 하고 난 후 부모들은 큰 죄책감에 힘들어하기도 한다. 즉 체벌과 고함 등의 부적절한 훈육이 잘못된 것임을 잘 알면서도 다른 해결책을 몰라서 계속 올바르지 못한 훈육을 하는 경우가 많고 이러한 악순환의 고리를 끊고 싶어 한다.

아동에 대한 이해가 부족하여 아동의 행동 자체를 이해하기가 힘든 경우, 이런 성향의 아동에 대한 정확한 이해와 더불어 아동에게 적합한 훈련과 교육이 필요하다고 본다. 역자들은 이 책의 프로그램을 실제로 본 병원과 상담소에 내원한 아동과 부모에게 적용해보았고, 큰 효과를 보면서 통제 불가능한 아동을 양육하는 부모 양육서로, 교사, 전문 상담가, 소아 정신과 의사들의 교육 교재로 사용할 수 있도록 도움을 주고자 번역하였다.

이 책의 저자인 George M. Kapalka는 통제 불가능한 아동을 상담하며 부모들이 겪는 고충을 보면서 이런 아동을 위한 전략들을 연구하고 개발하였다. 실제 이런 아동들을 수년간 상담하면서 프로그램을 만들었기 때문에 매우 실제적이고, 구체적이며, 현실적이다. 단순히 지시를 하는 것이 아니라 통제 불가능한 아동에게 적절한 지시를 하는 방법, 효과적인 경고를 주는 방법, 아동의 분노 행동에 대한 해결 방법, 행동 계약을 구체적으로 실시하여 잘 따르지 않았을 때와 잘 따랐을 때 결과를 주는 방법 등을 상세하게 알려주고 있다. 또한 추가적으로 숙제와 관련된 문제와 다른 활동으로 전환할 때 원활하게 이동할 수 있도록 하는 방법, 부모님이 전화를 하거나 타인과 대화할 때 방해하지 않도록 하는 것 등 일상에서 일어날 일들을 실제 상황 속에서 매우 구체적이고 체계적으로 해결해 나아갈 수 있도록 도와주고 있다.

저자는 이 책을 읽는 독자들이 단순히 프로그램을 이해하는 것에 그치지 않고 실제로 생활 속에서 실천하면서 나아가는 것이 중요함을 강조하고 있다. 저자의 프로그램을 실천할 때 아동과 부모의 쓸데없는 갈등과 논쟁의 시간은 줄어들 것이고, 부모자녀 간의 관계 악화도 막을 수 있을 뿐 아니라 오히려 자녀를 양육함에 있어서 죄책감과 고통을 느끼기보다 부모로서의 유능감과 자신감을 가지도록 도와줄 것이다.

이 책을 통해 저자와 역자는 아동의 행동을 보다 잘 이해하고, 일관되고 통합적으로 올바른 양육의 방향을 잡아가는 데 큰 도움이 되기를 바란다.

2009년 7월 미국에서 역자 일동

⁚ 서문

나는 26년 동안 여러 기관과 대학 부설 병원 등에서 문제 있는 아동을 도왔고 가정환경을 잘 구조화하기 위한 연구를 위해서 헌신하였다. 부모들은 반항적인 아동을 효과적으로 잘 다룰 수 있는 방법을 모르는 상담가들을 만났을 때 불편함을 느꼈다고 한다. 대다수의 부모들은 이런 과잉 활동적이고 반항적인 아동을 잘 다룰 수 있는 지침서나 양육서가 부족함에 대하여 속상해 하기도 하였다. 또한 교사와 상담가, 심리학자와 같은 전문가들도 나에게 이런 아동과 함께 하는 것이 매우 힘듦을 호소하였고 치료적 상호 작용을 하는 데 도움이 될 만한 자료가 있는지를 요청하기도 하였다.

저자는 Monmouth 대학의 심리상담 전문 교수이고 존경할 만한 연구가이자 심리학자이며 상담 분야에서의 리더이다. 저자는 20년 동안 주의력이 부족하고 반항적인 아동을 돕기 위하여 많은 임상적 접근을 탐색하여 지침서를 집필하였다. 전문 서적을 통해 알려진 이론들과 저자가 임상 현장에서 만난 아동과 가족들을 상담하면서 경험한 것을 잘 통합하고자 하였다. 저자는 부모와 주양육자의 기대에 부응하면서 규칙을 따르기를 힘들어하는 아동을 체계적으로 관리하는 접근 방법을 고안하였고 자신의 생각을 이 책에서 공유하고자 하였다.

이 책은 많은 독자들에게 도움이 될 것이다. 또한 이 책은 아동의 행동에 대하여 고민을 많이 한 부모들에게 매우 가치 있는 자료가 될 것이다. 저자의 프로그램을 따르다보면 점차적으로 자녀와의 논쟁이 줄어들고 비폭력적이며 부모는 자녀와 즐거운 경험들을 하게 될 것이다. 저자의 방법을 사용해본 부모들은 자녀를 양육함에 있어서 더욱더 자신감을 가지게 될 것이다. 집안 분위기는 변화될 것이고 가정이 더욱더 평화로운 장소가 되었음을 느끼게 될 것이다. 또한 자녀들이 긍정적으로 변화되고 행복해 하는 것을 보게 될 것이고 성인들의 요구에 보다 나은 반응을 보이며 친구를 더욱 잘 사귀고, 숙제나 해야 할 일들을 잘 완수함을 느끼게 될 것이다. 부모에게 아동의 통제 능력을 키우는 방법을 교육하는 전문가들에게 이 책에 나오는 단계별 지침은 큰 도움이 될 것이다. 수련가들도 이 책을 가르치기 위한 도구로 사용할 수 있고 부모들에게도 이 책을 권유함과 동시에 적용하면서 자녀의 모습을 관찰하고 보고하게 할 수가 있다. 전문가들은 이 책이 아동을 치료하는 데 큰 도움이 됨을 알게 될 것이다. 예를 들어, 교실에서 반항을 하는 아동을 지도함에 지쳐 화가 나있는 교사에게는 즐겁고 조직화된 교실 환경을 만드는 지침서가 될 수가 있다. 요약하자면, 이 책은 부모와 전문가에게 똑같이 유용한 책이 될 수 있다.

나는 상담과 심리학 분야에 많은 도움을 주고 있는 저자에게 항상 감사한다. 수년 동안 나는 아동과 가족에게 도움이 될 만한 책과 회의 자료 등을 통하여 많은 것들을 배워왔다. 이 책은 가장 최근의 지도서이

고 내가 아동과 부모를 잘 도울 수 있도록 도움을 줄 것이다. 나는 저자
의 저서에 대해서 깊은 감명을 표하고 싶다.

Mark S. Kiselica, Ph. D., HSPP, NCC, LPC
Professor of Counselor Education
The College of New Jersey
Fellow, American Psychological Association

contents

이러한 상황에 익숙합니까

스티브는 여섯 살의 활동적인 아동이다. 엄마가 장난감을 정리하라고 할 때, TV를 끄라고 할 때, 저녁 먹기 전 손을 씻으라고 할 때, 전혀 지시를 따르지 않고 요구를 거절하고 복종하지 않으며 울고 소리치는 일이 자주 있다. 스티브의 엄마는 은행에 가야 할 일이 있었고 은행은 4시면 문을 닫는다. 3시 30분이 되자 엄마는 서두르기 시작했고 스티브는 거실에서 블록 만들기를 하고 있었다. 엄마의 마음속에는 이미 앞으로 일어날 일에 대한 걱정이 되기 시작하였다. 그녀는 거실에 가서 "스티브 네 장난감을 정리해라. 우리는 나가야 해"라고 말하자 스티브는 "엄마 1분만 더 주세요"라고 대답하였다.

　엄마는 신발을 신기 위하여 신발장으로 갔고, 2~3분 후에 그녀는 다시 거실로 가보았더니 여전히 스티브는 움직이지 않고 놀이에 몰두하고 있었다. "스티브 빨리 정리해. 엄마는 지금 나가야 해."

　"엄마, 나는 탑을 완성하길 원해요."

　엄마는 그의 말을 듣지도 않고 방을 나가버렸다. 엄마는 지갑과 돈,

쇼핑 목록을 들고 부엌에서 소리쳤다. "스티브 정리 안 할래?"

스티브는 반응이 없었다. 엄마는 그녀가 해야 할 일 등에 대한 생각을 계속하며, 침실로 가서 자동차 키를 찾았다. 그리고 나서 "엄마가 너한테 무엇을 하라고 말했니?"라고 소리쳤다.

스티브는 반응이 없었다. 엄마는 화가 나기 시작하였다. 그녀는 이후에 일어날 일을 잘 알고 있었다. 스티브는 반항하며 소리치기 시작할 것이다. 그녀는 침실에서 다시 소리쳤다.

"엄마 나 거의 다 만들어가고 있어요."

지금 엄마는 정말 미칠 것 같다. 엄마는 안다. 스티브와 외출을 하는 동안 블록은 마루에 안전하게 있지 않을 것이다. 왜냐하면 강아지가 다 망가뜨릴 것이고 그러면 스티브는 화가 날 것이다. 만약 지금 스티브와 싸운다면, 그녀는 은행엘 못 가게 될 것이다. 엄마는 "왜 내가 말한 것을 스티브가 듣지 않는지?"에 대해 생각하였다. 스티브는 엄마가 힘들어하고 속상해 하는 것을 즐기는 것일까? 내가 말하는 것을 듣지 못하는 것일까? "스티브! 지금 당장 치워!"

"싫어요. 나는 그렇게 할 수 없어요."

엄마는 약이 오르기 시작하였다. "내가 스티브처럼 우리 부모에게 했다면, 나는 엄청나게 혼이 났을 것이다. 이렇게 말 안 듣는 녀석에게 왜 때리지 말라고 하는지 이해를 못하겠어." 3시 45분이 되자 그녀는 점점 절망하기 시작했다. "스티브 네가 정리를 하지 않는다면, 나는 당장 그 모든 것을 쓰레기통에 넣어 버릴 거야. 엄마는 한다고 하면 진짜 한다. 지금 당장 치우렴."

그러나 스티브는 들은 척도 하지 않고 계속 놀이를 하고 엄마는 외출

하려고 애를 쓴다. 엄마는 코트를 입고 마침내 스티브가 있는 방을 향해 간다. 스티브는 여전히 놀고 있다. 엄마는 너무 화가 나 어떻게 분노를 조절해야 할지 모를 정도였다. "너 도대체 뭐가 문제니? 엄마가 정리하라고 한 말 안 들리니? 빨리 지금 당장 정리하지 못해?"

"난 치우기 싫어요!"

엄마는 화가 치밀어 스티브 손에 있는 블록을 다른 곳으로 집어 던져버렸다. 그는 소리 지르고 분노 행동을 보이며 울기 시작했다. "엄마 미워!! 엄마가 나를 이렇게 만들었어." 엄마는 스티브에게 계속 옷을 입으라고 소리친다. 그러면서 엄마는 흐트러진 블록들을 줍고 스티브는 미친 듯이 소리를 친다. 엄마는 '너와 똑같은 아들을 한번 키워봐라' 라는 생각을 한다.

익숙한 상황이 아닙니까? 통제 불가능한 아동을 양육함에 있어 자주 접하게 되는 일반적인 상황이다. 아마도 많이들 경험해보았을 것이다. 자녀가 이모, 삼촌, 친구들의 자녀들과 함께 있을 때 이런 모습을 보았을 것이다. 스티브와의 상호 작용은 무엇이 문제인가? 왜 스티브는 엄마의 말을 듣지 않고 그렇게 행동하는 것일까? 스티브가 말을 잘 듣게 할 수 있는 방법이 있을까? 이러한 질문에 대한 대답을 하기는 힘들다. 스티브의 기본 성격과 발달적 습관들, 엄마의 행동 문제 등 복잡한 상황들이 서로 연관되어 있기 때문이다.

스티브의 행동을 살펴보면, 스티브는 부모의 요구를 전혀 들으려 하지 않는 자녀 중 하나이고 한 행동에서 다른 행동으로의 전환이 힘든 자녀일 가능성이 있다. 위의 사례에서와 같은 엄마의 접근은 일반 아동에게는 적합할 수 있으나 스티브와 같은 까다롭고 통제가 불가능한 아동에게는 적합하지 않은 것으로 볼 수가 있다. 이러한 아동에게는 다른 방법을 강구해보는 것이 필요하다.

대부분의 부모님들은 자신들이 부모이기 때문에 자녀가 자신의 말을 따르고 복종하기를 바란다. 비록 일부 자녀들은 이렇게 생각하고 따르지만 대다수는 그렇지 못하다. 대부분의 자녀들은 부모들이 그런 방식으로 말한다면 사례에서도 보았듯이 들으려 하지 않을 것이다. "너 도대체 무엇이 문제니?" "무엇이 잘못되었는데?"라고 묻는 부모의 질문들은 대부분 엄마가 말했는데도 아이들이 듣지 않음에 대해 화가 나서 물어보는 질문으로 볼 수가 있다. 오늘날 대부분의 자녀들은 부모 말에 무조건 복종하려고 하기보다는 납득할 만한 이유들을 알기를 원한다.

이 책을 통해 어떻게 이런 행동 보이는 자녀들을 도울 것인가

이 책은 왜 자녀들이 자신의 행동을 통제하기 힘든지에 대한 이해를 하게 하는 데 도움이 될 것이다. 자녀들에게 많은 이유를 이야기했음에도 불구하고 변화되지 않는다면, 부모가 자신의 방법을 바꾸는 것이 필요하다. 자녀가 왜 그러한 행동을 했는지 알면, 자녀를 이해하게 되고 아동의 분노 행동을 줄일 수 있도록 돕게 될 것이다. 이 책은 이러한 점들에 도움이 될 것으로 보인다.

또한 부모가 더욱더 차분해질 수 있도록 자신의 감정적 반응을 어떻게 통제할지에 대해서도 배울 것이다. 스스로 자신의 감정을 알면 알수록 자녀의 행동을 다루는 방법도 배울 수 있게 될 것이다. 악순환의 굴레를 깨고 당신이 더욱더 통제를 잘할 수 있게 될 것이다.

이 책은 왜 엄마의 말을 들어야 하는지에 대한 이유를 적절하게 아동에게 알려 주는 방법과 아동의 긍정적이고 부정적인 행동에 관한 적합한 결과를 주는 방법에 대해 가르쳐 줄 것이다. 이 책을 통해 통제 불가능한 아동의 일반적 행동들을 알게 될 것이다. 나는 당신이 무엇이 잘못되었는지를 알게 되고, 아동의 분노 행동을 줄이고 부모가 아동의 행동을 잘 통제할 수 있도록 도울 것이다.

이 책을 통해 우리가 기대할 수 있는 것은 무엇인가

이 책을 읽기 전에, 이 책에 나오는 전략들을 사용하여 당신이 도움을 받을 수 있는 것이 무엇인지를 탐색해 보도록 한다. 첫 번째로, 통제 불가능한 자녀가 칭찬받는 자녀로 빨리 변화할 수 있는 전략과 방법은 없다. 많은 노력과 시간, 헌신이 필요할 것이다. 이 책은 자녀의 문제 행동을 줄일 수 있는 효과적 방법들을 제공할 것이고 이러한 방법들은 많은 시간과 일관성 있는 양육태도가 요구될 것이다.

더욱더 생각해 보아야 할 것은 이 책에 나오는 접근방법을 그냥 단순히 지켜보는 방법으로 접근하지 마라. 지켜보는 접근방법은 명백하게 실패하게 될 것이다. 이 책에서의 접근방법은 수많은 세월 동안 매우 실제적이고 효과적으로 입증된 방법이다. 일시적인 것이 아니라 영원히 양육방법을 바꾸기 바라는 충분한 의지를 가지고 있다면 긍정적인 작업이 될 것이다. 하지만 방법을 적용함에 있어서 지나치게 서두른다면 개입은 효과적이지 못하게 될 것이다.

이 책에서 설명하고 있는 가장 최고의 접근방법과 기법은 많은 이론과 임상적 근거를 기반으로 자녀의 주변 모든 것을 바꿀 수 있게 도와

줄 것이다. 만약 당신이 통제 불가능한 자녀의 부모라면 이미 자녀를 변화시킬 모든 전략들을 사용하였을 것이다. 그러나 별 효과는 보지 못했을 것이다. 하지만 이 책에서 보여주는 전략들은 많은 연구 결과를 통해 입증된 것이다(Kapalka 2001a, 2001b, 2003a, 2004, 2005, 2006). 자녀의 가정환경, 자녀의 성격, 부모의 성격에 따라 자녀의 변화 정도는 다를 수가 있다. 그러나 이 책에 나오는 전략대로 헌신과 노력을 한다면, 당신은 좋은 결과를 얻을 수 있을 것이다.

또한 당신에게는 많은 노력의 시간들이 필요하다. 당신의 양육방식을 수정해야겠다, 라는 결심을 하지 않는다면 통제 불가능한 자녀를 양육하는 것은 어려울 것이다. 새로운 기술, 전략, 기법을 배우는 것은 힘든 과정이다. 이 책은 여러 단계로 수행할 수 있도록 나누어져 있다. 자녀의 변화를 위해서는 일관성 있는 노력이 필요하다. 당신이 시간과 노력을 기울인다면, 통제하기 어려운 자녀의 행동을 통제할 수 있을 것이고 이 책은 그렇게 하는 방법을 알려 줄 것이다.

이 프로그램이 효과적임을 어떻게 알 것인가

이 책의 프로그램은 1990년도에 개발되었다. 20년간 일한 아동 상담 전문가로서 나는 종종 통제 불가능한 아동을 상담하였다. 이러한 아동의 부모들은 통제 불가능한 아동의 행동을 수정하기를 바란다. 이 자료는 수년 동안 아동을 관리하며 문제 행동을 줄이는 전략으로 부모들에게 도움이 되었다. 예를 들어, 행동 계약은 효과적으로 알려져왔지만, 이러한 효과적인 행동 계약을 잘 실천하기 위해 부모들에게 도움이 될 만한 설명 방법은 없고 오히려 형편없는 계약은 효과적이지 못할 수도 있다. 그래서 나는 가장 성공적일 수 있는 행동 계약의 요소들을 입증하기 위해 노력하였다.

임상가들은 Russel Barkley(1997)에 의해 고안된 프로그램으로 산만한 아동을 치료한다. 나는 Russel Barkley의 프로그램에서 도움이 될 만한 요소들을 발견하였다. 그리고 통제 불가능한 자녀에게 더욱 효과적인 방법을 내 경험을 토대로 수정하였다. 이 프로그램을 확장하고 어떤 단계는 수정하고 추가하였지만 결과적으로 이 책에 담고 있는 프로그램의 요소들은 Barkley(1997)의 이론에 기초하고 있다. 자녀가 산만하고 논쟁적이나 통제 불가능하지는 않다면, Christine Benton과 함께 쓴 Barkley의 책 『Your Defiant Child; Eight Steps to Better Behavior(1998)』가 당신에게 큰 도움을 줄 수 있다. 그러나 당신의 자녀가 통제 불가능하다고 느낀다면, 당신에게 더욱더 강한 무언가가 필요할 것이다.

일단 이러한 새 프로그램이 완성되고 각 단계의 많은 효과성을 연구하였다. 그 결과는 논문을 살펴보면 알 수 있다(Kapalka 2001a, 2001b, 2003a, 2003b, 2004, 2005, 2006). 연구 결과 25~65%의 문제 행동 감소가 드러났으며, 많은 단계의 통합 효과를 간주하였을 때 행동 문제의 전체적인 감소는 매우 의미가 있다. 이 프로그램은 심리적, 경험적 효과성이 입증된 과학적인 것임을 자신 있게 주장할 수가 있다. 추가적으로, 당신이 수행하는 단계가 많으면 많을수록 당신이 경험할 효과는 더욱 커질 것이다.

이 책을 어떻게 사용할 것인가

부모가 자녀를 잘 통제할 수 있도록 돕기 위하여 이 책에서는 아홉 단계의 프로그램을 제시할 것이다. 각 단계는 통제 불가능한 자녀가 일반적으로 보이는 증상들을 토대로 고안되었다. 각 단계는 자녀 각각에 따라 다르게 적용되어야 하고, 당신은 다음 단계로 가기 이전에 현재 수행하고 있는 단계를 익숙하게 수행해야 한다. 비록 각 단계들이 다른 문제들을 다룰지라도 단계들끼리 서로 연결되어 있으므로 단계 2로 넘어가기 전에 단계 1을 마스터 하도록 하고 단계 3을 넘어가기 전에 단계 1, 2는 완벽하게 익숙해지도록 해야 한다. 2주 안에 한 단계를 완전히 수행하기를 권하고 싶다. 이런 방식으로 부모와 자녀 모두에게 각 단계가 충분히 익숙해지고 난 후 다음 단계로 넘어가도록 해야 한다.

각 단계는 차례대로 수행하도록 되어 있다. 각 단계의 순서는 선택적인 것이 아니다. 다음 단계로 나아가기 위해서는 그 단계를 완전히 능숙하게 해야 하는 것으로 고안되어 있다. 결과적으로 단계를 뛰어넘어가 아동에게 적합하다고 생각되는 단계를 선택하여 그 부분만 실천하는 방법도 좋지 않다. 물론 그렇게 할 수는 있겠지만 그렇다면 프로그램이 효과적이지 못할 것이다. 차례대로 숙달하는 것이 효과적일 것이다. 일단 1~6단계로 익숙해졌다면, 7, 8, 9단계는 골라서 선택하는 것도 도움이 되고 필요한 순서를 선택하여 실행할 수 있다. 그러나 1~6단계까지는 무조건 순서대로 시행해보기를 권한다.

마지막에는 요약된 체크리스트를 제시하고 있다. 이러한 체크리스트는 각 단계를 잘 수행했는지를 체크해보기 위한 것이다. 각 단계를 수행해가면서 잘 보이는 곳에 체크리스트를 붙여놓도록 한다. 체크리스트를 보면서 기법을 잘 익혀나가면 성취감을 경험하게 될 것이다.

이러한 체크리스트의 배치는 부모가 원하는 장소에 하는 것이지만, 나는 몇 가지를 제안하고 싶다. 예를 들어, 글을 잘 읽지 못하는 다섯 살가량의 자녀가 있다면, 부엌의 냉장고 또는 메시지 판과 같은 곳에 두면 좋다. 눈에 보이는 곳에 두면, 그 주에 지켜야 할 것을 자주 체크하면서 보게 될 것이다. 반대로 읽기가 가능한 열 살의 자녀를 두고 있다면, 엄마는 자주 볼 수 있는 곳이지만 자녀는 볼 수 없는 곳에 두면 좋다. 예를 들어 침실의 뒷문 같은 곳이 될 수가 있다.

자녀의 행동을 통제하기 위해 이러한 프로그램을 진행하고 있다는 것을 자녀에게 말해야 하는가? 매우 중요한 질문이다. 일반적으로, 나는 자녀에게 말하는 것을 권하지 않는다. 프로그램을 진행하는 것에 대해 아동에게 말하는 것이 반드시 필요한 것은 아니다. 부모 스스로 인식하고 실천해 나아가도록 하는 것이 좋다. 당신의 자녀에게 미리 말하는 것이 요구되는 단계가 이 책에 명백하게 나와 있다.

당신의 자녀가 체크리스트를 발견하고 이것에 대해 묻는다면, 거짓말을 할 필요는 없지만 그렇다고 상세하게 설명할 것까지는 없다. 자녀와의 갈등을 극소화하고 더 잘 지내기 위해 이러한 프로그램을 실시하고 있다, 정도로만 설명하면 충분할 것이다. 이 프로그램으로 자녀의 행동을 고치려 한다는 느낌을 갖게 하지 마라. 그렇게 된다면 자녀들은 방어를 할 것이고 프로그램에 대한 그의 반응은 부정적이 될 것이다. 대신 함께 노력하는 체제를 만들도록 해야 한다. 즉 자녀와 부모가 함께 수정해나가는 것이다. 서로 말하는 방식도 수정하고 집에서 수정해야 할 것을 함께 해나가는 것이다.

마지막으로, 단계를 뛰어넘지 말도록 한다. 비록 앞장을 읽지 않았더라도 프로그램으로부터 어떤 이점을 얻을 수가 있겠지만, 프로그램 효과는 떨어질 수 있다. 부모로서 당신의 자녀를 통제하는 방법에는 여러 가지가 있다. 당신은 자녀가 왜 그렇게 행동하고 있는지에 대해서 이해해야만 한다. 특히 부모 자신의 반응을 변화시키는 훈련은 매우 중요하다. 또한 당신은 자녀의 행동을 통제하기 위하여 아동양육의 기초 원리와 철학을 이해해야만 한다. 그러고 나서 이 책의 프로그램을 수행하는 것이 도움이 될 수 있다. 아홉 단계를 사용하는 것보다 이러한 요소들의 병합은 당신과 자녀들에게 가장 큰 변화를 가져다줄 것이다.

자, 지금부터 즐거운 여행을 시작해보자. 시간과 헌신, 노력들이 필요하나 결국 당신과 자녀는 더 가깝고 긍정적 관계를 가지게 될 것이다. 그 과정에서 자녀는 훌륭한 성인이 되기 위한 자아 통제력을 발달시키게 될 것이다.

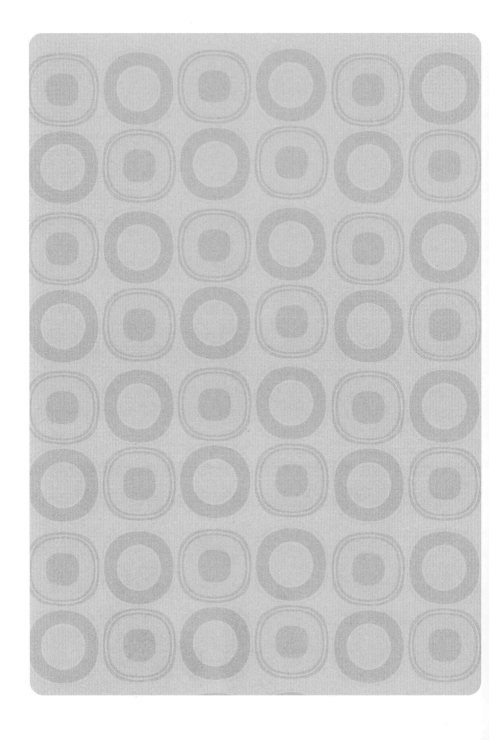

왜 아동들은 버릇없이 행동할까

Why Do Children Misbehave?

어떤 아동들은 왜 다루기 힘들까? 앞서 제시된 사례처럼, 몇 가지 문제들로 인하여 스티브는 엄마에게 복종하지 않으며, 이러한 것들이 스티브와 엄마의 갈등을 증폭시키게 된다. 어떤 문제는 스티브가 원인이 되기도 하고 다른 어떤 부분들은 스티브 어머니의 행동과 반응들의 결과로 볼 수 있다.

아동의 성격과 특성들

아동이 자신의 문제를 통제 불가능하게 만드는 성격적 특성들이 있다. 충동성이 그런 예가 될 수 있는데 아동이 생각하지 않고 빨리 행동하면 할수록, 더욱더 부적절한 행동을 하게 될 수 있다. 원하는 대로 되지 않는 상황에 직면했을 때, 우리 모두는 부정적인 감정들을 경험하게 된다. 사고를 먼저 하는 충동적이지 않은 사람들은 어떤 상황에서 자신이 어떤 반응을 선택할지를 평가하고 선택한 후에 그 결과를 생각하고 가장 적절한 결과를 얻을 수 있는 행동을 선택한다. 그러나 행동의 결과에 대한 생각을 잘하지 않는 충동적인 사람들은 너무 빨리 행동을 해버린다. 종종 그러한 행동들은 기대하지 않았던 부정적인 결과를 낳게 되고, 그 결과 좌절과 분노 같은 부정적인 반응을 낳게 된다.

충동성은 전두엽 활동의 문제로 볼 수 있다. 이러한 것은 주의력 결핍 과잉 행동 장애와 같은 문제의 원인이 될 수 있다. 그러나 기억해야 할 점은 충동적 아동이 심리적 장애를 갖고 있다고 분류할 수는 없다. 심각한 충동성은 커다란 문제의 원인이 되기도 하고 적절한 치료를 요한다. 그러나 많은 아동들이 보이는 다소 심각하지 않은 충동성이라도 행동적 어려움을 야기할 수가 있다. 일반적으로 충동적인 사람들은 제한된 자기 통제 능력을 보인다. 행동의 결과를 생각하고 행동하는 능력이 부족한 사람들은 자신들이 하고 싶은 것을 하지 못하는 상황에 적응을 하지 못한다. 충동적인 아동들은 자신의 행동에 대하여 생각하는 것에 어려움이 있고 통제되지 못한 행동적 특성을 보인다.

특히 충동적 성향은 경험으로부터 배우는 사람의 능력을 방해하게 된다. 특별한 상황에서 행동을 선택해야만 할 때, 행동하기 전에 멈추고 생각하는 능력을 충분히 가진 사람은 그들이 과거에 경험했던 결과와 선택한 행동들, 비슷한 상황을 회상할 수 있다. 이는 그들이 이러한 상황으로부터 배울 수 있도록 한다. 비슷한 선택을 해야 할 때, 그들은 과거에 적절했던 행동을 선택할 수 있다(적어도 부적절한 반응의 결과가 야기된 행동을 선택하지는 않는다).

그러나 자기 통제력이 부족한 충동적 아동들은 과거의 경험을 충분히 회상하여 생각하는 것이 어렵다. 그래서 그들은 반복하여 부적절한 선택을 할 가능성이 높다. 이는 매우 중요한 점이다. 충동적 아동은 과거의 경험으로부터 배우기 시작하고 그들이 행동하기 전에 일관된 결과의 경험을 반복하여 해야 한다.

부모의 태도와 경험들

스티브의 행동을 이해하기 위해서 다른 원인들도 고려해야 한다. 예를 들어, 스티브의 엄마는 항상 너무 서두른다. 빨리 나가야만 하는데 스티브는 문제가 많다. 이것은 스티브의 엄마가 자신의 상황을 통제하려 하기보다 스티브의 행동을 통제하려고만 하는 것이다.

어려운 과업에 관한 정신적 준비는 절대적으로 필요하다. 어려운 일을 할 때에 우리는 마음의 준비를 해야만 한다. 예를 들어, 우리는 부주의로 인한 결과를 피하기 위해서 일어날 수 있는 무엇이든 연습해 볼 수가 있다.

우리는 일상에서 두 번씩 생각을 해보는 경우가 많다. 면접을 갈 때에도 어떤 질문이 나올지, 면접관 앞에서 어떤 반응을 해야 할지에 관해서 스스로 준비하기도 하고 시험을 보러 갈 때에도 무엇이 나올지에 대해서 생각하기도 한다.

또한 우리는 까다로운 사람과 상호 작용할 때에도 우리 스스로 준비하기도 한다. 예를 들어, 대부분의 사람들은 사장, 동료들과 회의를 하기 전에 미리 준비를 할 것이다. 특히 회의 안건이 매우 중요한 것이라면 더욱더 철저히 준비하게 될 것이고, 회의를 하면서 말할 것을 미리 준비할 것이다.

어떤 상황에서 자신을 차분하게 하는 것에는 어떠한 것들이 있는가? 가장 중요한 점은 우리 스스로 준비를 하는 것이다. 준비된 상황에서는 덜 놀라게 될 것이다. 충분한 준비를 하지 못한 경우 우리는 종종 통제할 수 없음을 느낀다. 예를 들어, 어떤 사람이 우리가 기대했던 말이나 행동을 하지 않을 때 오히려 부정적인 감정들을 느끼고 우리 스스로를 통제할 수 없게 된다. 그 결과, 우리는 화가 나고 스트레스를 받게 되는 것이다.

그렇다면 말을 듣지 않는 아동과 상호 작용을 할 때는 어떠한 준비를 해야 할까? 당신이 이루고자 하는 목표가 무엇인지를 생각하고, 아동의 반응을 이해하고 말과 행동에 전혀 당황하지 않을 만한 준비를 해야 한다.

양육의 목표

부모와 상담을 하면서 종종 나는 양육의 목표, 양육 태도 등을 묻는다. 여러 가지 대답이 나올 수 있는 질문이다. 일반적으로 부모는 자녀의 성장과 발달을 촉진할 수 있어야 하고 성인기를 준비하게 도와야 한다.

우선, 자녀의 성장과 발달을 촉진시키고 자녀의 신체적, 정서적, 교육적 욕구에 부응하는 적합한 환경을 제공하면서 올바른 목표에 도달

할 수 있게 해야 한다. 자녀에게 안전한 환경, 즉 자녀의 건강을 챙기고 학교 출석을 격려하며 적절한 자극을 주어서 인지적 성장을 할 수 있게 하는 등 신체적, 교육적 욕구를 부모는 만족시켜 주어야 한다. 또한 정서적 욕구를 채워주는 것은 힘들지만 중요하다. 이것은 자녀를 돌보고 공감하며 존중하는 가정환경을 제공하는 것이다. 또한 비록 자녀가 부모와 다른 성격을 가지고 있거나 부모가 바라지 않는 성격을 가지고 있더라도 부모들은 자녀의 기질을 인정해야 한다.

고집이 강한 아동이 자랐을 때

사례들을 살펴보자. 마씨는 상담을 정규적으로 받고 있는 스물일곱 살의 여성이다. 그녀는 남편이 자신을 힘들게 하고 무시한다는 이유로 상담을 받고 있다. 남편은 친구들을 집에 데리고 와 여러 가지 잔심부름과 대접을 하게 하면서 그녀를 하찮게 여기거나 무시하여 그녀를 화나게 만들었다. 친구들이 떠나고 나면 모든 정리를 그녀가 해야 했다. 또한 마씨의 상사도 그녀를 이용하였고 시간이 지났음에도 불구하고 오버타임 비용도 주지 않았다. 심지어 사장은 마씨의 일과는 상관없는 다른 직원들의 일까지도 하게 하였다. 상담가는 비록 사람들이 마씨에게 말했다고 하더라도 마씨의 일과 상관있는 일인지 아닌지를 인식할 수 있도록 도왔고 그녀 스스로 다른 사람에게 거절을 하게끔 하였다.

때로는 그녀의 엄마도 상담가와 만남을 가졌다. 마씨의 이야기를 들으면서 마씨의 엄마는 "우리 딸은 매우 고집이 세고 통제가 힘든 아동이었어요. 우리는 그녀가 그렇게 할 때마다 혼을 내고 벌을 주었어요. 그녀가 우리에게 했던 것처럼 왜 다른 사람들에게는 하지 못하지요?"

라고 말하였다. 중반 세션 즈음에 마씨는 그녀의 어머니에게 "엄마는 내가 반항할 때마다 나를 때렸어요"라고 말하였다.

다른 예를 또 생각해보자. 조는 현재 일을 하지 않는 서른두 살의 이혼남이다. 그는 두 번이나 결혼하였고, 항상 부인들이 더 이상 살 수 없음을 이야기하여 결혼 생활이 끝났다. 조는 여섯 살짜리 아들이 있다. 부인은 법원에 아들을 키우는데 쓸 양육비를 달라는 소송을 제기하였다. 조는 부인에게 너무나 화가 났다. 조는 자신이 그들과 전혀 관련이 없기를 바랐다.

조는 친구가 거의 없고 종종 자기 맘대로 안 될 때는 사람들과 언쟁을 하였다. 때때로 그는 맞아서 뼈가 부러지고 상처가 나기도 하였다. 조는 일 또한 꾸준히 하지 못하였다. 상사가 무엇인가를 시키면 조는 그에게 화를 냈다. 또한 조는 여러 번 해고되기도 하였다.

조는 가족과도 접촉을 하지 않았다. 그의 형제들은 논쟁이 있은 후 그를 멀리하였다. 자동적으로 부모님과도 접촉을 하지 못하였다. "내가 어렸을 때 가족들은 나에게 무엇을 하라고 하는 등의 많은 이야기들을 했으나 나는 이것을 견딜 수가 없었어요."

세 번째 예를 들어보자. 데니스는 작은 업체이지만 성공한 카드 사업체를 운영하고 있는 서른다섯 살의 사람이다. 5년 전에, 큰 카드 회사에서는 특정 직업의 사람들을 위한 카드를 만들지 않고 있다는 것을 알게 되었다. 즉 의사, 변호사, 선생님 등의 직업을 가진 사람들의 욕구에 부응하지 못하고 있다는 것을 발견하였다. 그가 처음 이런 사람들을 위한 카드를 만들겠다고 하였을 때 가족과 주변 친구들은 너무 힘들 것이며 좋은 성과를 얻지 못할 것이라고 하였다. 그러나 비록 힘든 일이지만, 데니스는 해냈다. 그는 부자는 아니지만 사업은 성공적이었고 성취하였을 때 많은 자부심을 느꼈다.

또한 데니스는 지역사회 구성원들을 소중히 여겼다. 2년 전 데니스는 그 지역의 어떤 회사로 인해 물이 화학물질의 위험 수준으로 인하여 심각하게 오염되었다는 것을 알게 되었다. 비록 처음에는 어떠한 사람도 그의 이야기에 반응하지 않았지만, 데니스는 꾸준히 지역사회와 환경 연합, 매체와 접촉하였다. 결국 회사는 정화 장비를 개선하였고 해당 지역의 물 공급이 상당히 안전하게 되었다.

데니스는 결혼하여 두 아이의 아버지가 되었다. 그의 부인은 그의 장점과 용기에 대해서 자부심을 느끼며 말하였다. "나는 어린 시절부터 남편을 알아왔다. 남편은 항상 이런 방식으로 일을 처리해 왔다. 그가 마음 먹은 일을 멈추는 것을 나는 본 적이 없다. 자신의 일이 잘 안 되었을 때는 여전히 불같이 화를 내기도 한다." 그러나 그녀는 말한다. 그는 따뜻하고 친절하며 동정적이다.

위 세 사람의 공통점은 무엇인가? 한 가지 비슷한 점은 모두 강한 고집을 가진 아동이었다는 것이다. 그러나 이러한 강한 고집적인 성향은 개인마다 자라면서 다양하게 발전되었다. 마씨의 경우에는 그녀의 반항적이고 강한 고집이 사라졌다. 조의 반항성은 성인기까지 영향을 주어 그의 안정적인 삶에도 큰 영향을 주었다. 데니스의 경우 강한 고집적인 성향이 오히려 장점이 되었고, 그는 이러한 장점으로 개인적 성공을 거두었고 지역사회에서 존중받는 사람이 되었다.

사실상, 앞의 사례 속 세 사람이 비슷한 경향을 어렸을 때 보였으나 왜 성인기가 되었을 때 다른 모습을 보이는지에 관하여 어떻게 설명할 수 있을까? 이러한 질문에 대한 대답은 강한 고집을 보이는 성향이 발달 과정 동안에 변형된 것으로 볼 수가 있다. 마씨는 마음을 다쳤고, 그녀는 자신의 인생을 스스로 개척해나갈 가치가 없음을 배웠다. 조의 반항적 성향은 성인기까지 남아 그 자신의 삶과 일에서 큰 손해가 와도 반항적 성향으로 대처하였다. 한편 데니스의 경우는 자신의 문제를 해결해 나가는데 강한 의지와 억척스러움으로 나타났다. 그는 고집과 더불어 동정적이고 따뜻함을 가졌다.

부모로서 우리는 성인기까지 연결되는 아동의 기질에 어떠한 영향을 줄까? 아마도 강한 고집이 명백한 장점이 될 수도 있다. 그러나 아동은 상황 판단 능력을 키워야 하고 자신의 고집이 이득인지를 판단할 수 있어야 한다. 부모로서는 마씨와 같이 자신의 일을 해결 못하는 사람이 되는 것을 원하지 않을 것이다. 그렇다고 우리의 자녀가 조와 같이 자라기를 바라지도 않을 것이다. 대신에 우리는 강한 고집과 의지와 더불어 데니스와 같은 좋은 판단을 가지기를 원한다. 그렇다면 어떻게 해야 할까? 이것은 기대의 문제이다.

적당한 기대

다음의 예를 살펴보자. 마이클은 여덟 살 아들과 상담센터를 방문하였다. 그는 아들이 도무지 자신이 말하는 것을 듣지 않는다고 하였다. 아들이 "싫어요. 나 안할래요." "당신이 나를 이래라 저래라 할 수 없어요"라고 반항적으로 말할 때 신체적 학대도 했었다고 한다.

사실상, 아버지는 자신의 권위에 반항하는 것처럼 보이는 태도를 견딜 수 없다고 치료 과정에 보고하였다. 아이는 겨우 여덟 살이고 아이의 아버지가 말하는 것에 대한 어떠한 질문도 할 수가 없었다. 다시 말해서, "아들은 무조건 복종해야만 해. 왜냐하면 아빠인 내가 말했기 때문이야. 나는 아버지에게 절대 반항해본 적이 없어. 왜냐하면 우리 아버지는 잘못하면 때렸기 때문이지. 내가 생각하기에 나는 아들에게 너무 부드러운 것 같아. 그렇지 않았다면 나에게 이렇게까지 안 했을 텐데."

위의 모든 예는 너무 일반적이다. 그러나 여기에는 두 가지 문제가 보인다. 아동에게 무조건 복종하기를 바라는 아버지의 기대와 아동의 잘못된 행동이 아버지의 권위에 따르지 않으려고 하는 고의적인 행동으로 지각하는 부모의 잘못된 인식이다.

마씨, 조, 데니스의 예를 보여주었을 때 모든 부모들은 자신의 자녀가 자라서 데니스처럼 되기를 원한다. 또 다른 한편, 그들은 자녀가 부모가 말한 모든 것을 받아들이기를 바란다. 성인이 되었을 때 강한 의지로 노력하고 무엇이든지 견딜 수 있는 능력이 자연스럽게 발달되기를 원한다. 그러나 이러한 두 가지 기대는 상반된다. 부모들이 말하는 모든 것을 받아들이는 아동은 독립적 성향을 가진 어른으로 자랄 수가 없다. 삶에서 일찍 스스로 나아가려고 하는 능력이 짓눌려진다면 독립적 성향은 개발되지 못할 것이다. 아동기에 이러한 능력을 개발하지 못하고 그냥 저절로 강하고 인내하는 능력이 마술적으로 생기는 아동은 없다.

좋은 판단을 발달시키고 촉진시키기

우리 모두는 아동이 건강하고 행복하게 잘 적응하며 강한 성인으로 자라기를 원한다. 우리는 아동 스스로 생각하며 배워나가고 옳은 결정을 하기를 원하나 이러한 목표에 도달하기 위해서는 태어나서부터 긴 여정을 가야함을 알아야 한다. 우리 부모들에게는 아이들이 행복하고 잘 적응하며 강하게 자라도록 하기 위해 해야 할 일들이 많다. 자녀가 자신의 고집을 표현할 때마다 조롱하고 혼을 낸다면, 자녀는 마씨처럼 불행하고 자신감이 부족하며 그녀 스스로 형편없는 존재임을 느끼며 자랄 것이다. 이것은 잘못된 행동을 짚고 넘어가지 말라고 하는 것이 아니다. 당신의 자녀가 좋은 판단을 하지 못한다면, 그는 조와 같이 자랄 수 있다. 데니스와 같은 성인이 되게 하기 위해서는 우리 아동의 발달을 돕고 접근방법에 있어서 균형감을 가져야 한다.

그렇게 하는 한 가지 방법은 태도보다 차라리 행동에 초점을 맞추어야 한다. 다시 말해서, 어떠한 반항 없이 아동이 말한 것을 수행하기를 기대해서는 안 된다. 비록 부모로서 아동이 순응적이라면 키우기는 쉽겠지만 아동은 수동적인 성인으로 자라게 될 것이다. 부모가 요청하고 요구하는 것에 대한 기대를 가지는 대신 당신의 권위를 시험하려 한다는 관점으로 생각하지 않도록 한다.

아동은 고집을 부리는 것이 바람직한지 아닌지를 구별하지 못한다. 아동의 자존감이 증진되고 강해지기를 바란다면, 집에서 어렸을 때부터 교육을 시작해야 한다. 아동을 억누르지 말고 아동의 거부와 반항에 대해서 벌하지 말도록 해야 한다.

항상 아동이 매우 소중한 존재임을 기억하도록 한다. 아동이 거부하고 저항하거나 여전히 옳은 선택적 행동을 보인다면, 초기 반응에 따라서 아동을 벌하고 혼내지 말도록 한다. 그가 잘못된 선택과 행동을 한다면, 그 결과를 통하여 더 나은 선택을 할 수 있다는 것을 배우게 해야 한다.

당신은 아동의 영혼을 깨뜨려서는 안 됨을 명심하도록 한다. 부모는 아동의 의지를 격려하기 원하지만 자녀가 모든 시간에 그렇게 고집을 부리는 것과 적합하고 필요한 때에 자신의 고집을 부리는 것을 구별하는 방법을 배우기 원할 것이다. 다시 말해서, 자녀가 당신의 요구와 명령에 응할지 응하지 않을지 선택하도록 해야 한다. 이렇게 해야 자녀는 자기 통제력을 배우게 될 것이다. 자녀는 지시를 따를 때와 따르지 않았을 때의 결과와 그가 바라는 결과들을 결정할 수 있기 때문에 부모로서는 자녀가 부모의 지시를 따르기를 원한다. 당신의 목표는 복종하게 만드는 것이 아니라 자녀가 순응하고 순응하지 않고의 결과를 따르게 하는 것이다. 이것은 중요한 차이이다.

당신의 자녀가 말을 듣지 않는다고 해서, 당신이 부모로서 실패했음을 의미하는 것은 아니다. 당신의 일은 적당한 결과를 알려주는 것이고 자녀가 당신의 요구에 순응을 하든지 안 하든지 간에 이것은 해야 하는 것이다. 자녀가 순응을 안 한다면, 당신은 부모로서 실패하는 것이 아니다. 당신이 적합한 결과를 알려주지 않는 것이 실패하는 것이다.

우선 한계를 설정하고, 적합하고 적합하지 않은 행동에 대하여 자녀가 경험할 결과에 관해 명백하게 알려주고 아동이 옳은 선택을 하도록 가르친다. 이 책은 당신이 그렇게 하도록 도울 것이다. 이 책은 자녀가 상황에 따라 판단을 잘 하도록 가르친다. 핵심을 잘 알아두는 것이 중요하고 당신이 실제로 이 책의 방법을 따르지 않을지라도, 아동과 어떻게 상호 작용을 하고 자녀에게 기대하는 것이 무엇인지에 대해 신중히 생각하게 될 것이다. 결과적으로 자녀는 행복하고 잘 적응하게 될 것이다.

다른 요소들

자녀의 행동에 어려움이 있을 때, 추가적인 요소들도 고려되어야 한다. 부모의 태도, 기대, 가족 역동 등은 집에서 자녀의 문제들을 다룰 때 많은 영향을 준다.

자녀가 고의적으로 할 때

때때로 까다로운 자녀의 부모들은 학대를 하게 된다. 많은 연구들은 아동 학대에 대한 원인과 역동, 그것을 예방하기 위한 방법들에 대하여 알려주고 있다. 이러한 연구들은 부모의 어떤 성격요인들이 자녀의 신체적 학대를 증가시키는 요인이라고 보고하고 있다. 어떤 아동들은 다른 아동들보다 더 학대받게 되는데, 특히 남자 아이들이 여자 아이들보다 더 많은 학대를 받으며, 행동 문제를 보이고 고집이 세고 반항적이며 통제가 불가능한 아동들이 더 많은 학대를 받는다고 한다. 그러나 이러한 아동들 모두가 학대를 받는 것은 아니다. 그렇다면 신체적 학대를 하지 않는 부모와의 차이점은 무엇인가?

아동은 올바른 행동을 할 줄 알면서, 고의적으로 부적절한 행동을 한다고 부모가 생각하는 것이다. 다시 말해서, 아동은 옳은 행동을 하는 방법을 안다. 그러나 부모에게 일부러 잘못된 행동을 하고 부모를 화나게 만드는 것이라고 생각하는 것이다. 때때로 자녀가 올바르게 행동하는 것을 본다. 결과적으로 잘못된 행동을 했을 때, 그들은 고의적으로 그렇게 했다고 생각하는 것이라고 생각하는 것이다. 이러한 신념은 자녀가 부모의 권위에 언어적으로 도전했을 때 더욱 강해질 수가 있다. 자녀가 "당신은 나를 이래라 저래라 할 수 없어요." "나는 당신이 싫어요"라고 말했을 때 이러한 신념이 더 강해질 수 있다. 그러나 이러한 신념은 비생산적이며 매우 잘못된 것이다. 이러한 것은 부모의 분노를 더욱 강하게 만들 뿐이다.

　대신에 통제 불가능한 아동은 일반적으로 충동적이며 자신이 원하는 것을 얻기 위해 저항한다는 것을 부모가 인식해야 한다. 자녀들은 너무 부적합한 방법일지라도 자신이 원하는 것을 얻기 위하여 과거에 원하는 것을 얻었던 부정적 방법을 반복할 수 있다. 많은 행동학자들은 행동을 다시 하도록 결정짓게 되는 요인은 행동 후에 발생하는 결과 때문이라고 하였다. 자녀의 행동 후 적합한 결과를 얻었다면, 미래에도 적합한 행동을 또 하게 될 것이다. 그렇지 않다면 좋은 행동은 사라지게 될 것이다.

　이러한 연결 고리는 매우 중요하다. 당신의 자녀가 오랫동안 같은 행동의 결과로써 자신이 원하는 것을 얻었다면, 그는 한 번 또는 두 번의 실패를 가지고 포기하지 않을 것이다. 왜 당신의 자녀가 특정 방식으로 행동하는지를 평가하려면 과거의 행동 결과에 대하여 생각하는 것이 중요하다. 이러한 행동의 결과로 그가 원한 것이 이루어졌는지? 아동을 순응하게 하려고 당신의 분노와 좌절이 당신을 포기하게 만들었는가? 그렇다면 그가 원하는 것(예를 들어 부모가 원하는 것을 하지 않는 것)의 결과로 야기되는 당신의 좌절을 자녀가 알게 되는 것이다. 비록 그것이 난리치는 상황일지라도. 스티브와 그의 엄마의 예를 생각해보자. 그는 정리하기를 거부하였다. 그러나 결과적으로 엄마는 그렇게 하게 하였다. 아동은 무엇을 기억하겠는가? 아동은 이러한 상황이 다음번에 다시 일어났을 때 무엇을 생각하겠는가?

아동은 자신의 방법을 획득하기 위하여 다른 속임수를 쓸 것이다. 예를 들어 움직이지 못하고 타임아웃의 벌을 받은 경험이 있는 아동을 생각해보자. 아동은 처음에는 울고, 논쟁하고, 짜증을 내며 부모에게 소리 칠 수가 있다. 이러한 자녀의 시도를 부모가 받아들이지 않는다면, 자녀는 결과적으로 그 상황을 받아들일 것이다. 비록 어떤 아동은 다른 아동보다 더 길게 짜증내고 화내고 논쟁할지 모르지만. 그러나 아동이 계속 울고 짜증을 낸다면, 부모들은 벌주는 것에 지쳐서 오히려 부모의 요구를 취소하고 좌절하게 될 것이다. 이런 상황에서 많은 부모들은 아동이 고의적으로 화나게 만들기 위하여 문제 행동을 보이는 것으로 생각할 수가 있다. 이것은 사실이 아니다. 대신에, 자녀는 그가 원하는 것을 어떻게 얻는지를 배우게 되는 것이다. 부모를 화나게 하고, 행동이 수정되기보다는 부적절한 방식으로 자신의 목표를 얻게 되는 것이다. 그는 그러한 행동을 다시 할 것이다. 왜냐하면 그것이 효과가 있었기 때문이다. 그가 부모를 화나게 만드는 것이 아니다. 아동의 관점으로 보면 목표를 얻기 위하여 어떠한 방법도 다 사용하려고 하는 것이다.

정신적 준비

자녀가 한 단계 앞으로 어떻게 나아가야 할까? 첫째, 아동이 당신을 화나게 만들기 위하여 미리 생각하고 있지 않음을 기억하고 당신은 무조건 승낙을 해서는 안 된다는 것을 알아야 한다. 차분함을 유지하며(다음 장에서 더 이야기하겠지만) 객관적으로 생각하도록 해야 한다. 정확하고 객관적인 사고를 하는 것은 당신에게 큰 도움이 될 것이다.

부모는 적합한 결과를 관리하는 것이고(긍정적이 부정적이든) 당신이 화내게 된다면 부적합한 결과들에 대해서 생각해 볼 수가 있다. 결과를 관리하는 방식은 다음 장에 나와 있다. 지금까지, 당신의 자녀가 말을 듣지 않았더라도 당신이 통제할 수 있음을 명심하도록 한다. 당신은 자녀의 올바른 선택과 합당한 결과에 관하여 자녀에게 가르칠 수 있다. 가르친다는 것은 이기고 지는 것의 전쟁과 같은 것이 아니다.

통제 불가능한 아동의 부모로서, 당신은 아마도 문제가 일어날 상황을 예견할 수가 있다. 예를 들어, 당신의 자녀가 즐기고 있는 활동을 그만두어야 할 때(TV나 비디오 게임을 못하게 할 때), 그가 하기 싫은 것을 해야 할 때(방을 치우거나 숙제를 해야 할 때), 스티브의 예처럼 시작한 활동을 갑자기 멈추어야 할 때 아동들은 분노 행동을 보이기 쉽다. 이렇게 미리 예견하면 문제가 일어날 장소와 관련하여 계획을 세울 수 있게 된다.

일반적으로 문제가 되는 상황 대신에, 스스로 더 많은 시간을 허락함으로써 준비하도록 해야 한다. 일관되게 하도록 하되 아동에게 위협하며 말하지 않도록 한다. 두려움을 아동에게 주는 것은 (예를 들어 스티브의 엄마는 장난감을 던져버렸다) 도움이 되지 않는다. 당신의 자녀가 순응하지 않는다면, 당신이 조정할 수 있는 현실적인 대안이나 결과를 준비하도록 해야 한다. 매번 아동을 위협하기만 한다면, 사실상 효과를 보지 못할 것이다. 자녀는 당신이 말하는 것을 듣지 않으려 할 것이고 앞으로 당신이 말하는 어떠한 말에도 위협을 느끼지 않을 수 있다.

가족 역동

아동이 분노 발작 하고 가족 간의 갈등을 일으키는 문제 행동을 보일 때, 이러한 문제에 기여하는 중요한 스트레스들이 있다. 대부분의 가정은 적어도 어느 정도의 내부적 문제들이 있다. 부모들은 종종 부모 양육 방법이나 훈련 방법이 적합하지 못하다는 생각을 하기도 한다. 특히 까다로운 아동을 키우는 부모들은 아동에게 접근하고 훈련시키는 방법에 있어서 더욱 부적합하다는 생각이 든다. 부모들은 올바른 접근방식을 해야 한다고 알고 있고, 다른 부모들이 생각하는 방식으로 바꾸어 보려고 노력한다. 이러한 것은 정상적이고 대부분의 집에서 보이는 것이다. 이러한 접근이 구조화된다면 매우 효과적일 수 있다. 그러나 자녀 앞에서 논쟁은 피해야 한다. 어떤 가정에서는 이러한 말다툼으로 인하여 부모들 사이에 심각한 갈등이 일어나기도 한다. 이것은 명백히 아동의 자아존중감에 영향을 준다. 자녀 자신이 했던 일로 인하여 부모들이 언쟁하는 것을 볼 때 자신이 나쁜 아동이라고 느낀다.

부모 양육의 불일치

어떤 집에서는 양육에 대한 불일치로 인하여 한 부모가 다른 부모의 결정을 무시하게 될 수도 있다. 이러한 것은 아동을 어떻게 다룰지에 대해 일치하지 않음을 아동에게 명백히 알려주는 것이 되고 한 부모와만 놀 수 있는 기회를 제공하게 되는 것이다. 이런 상황에서는 자녀의 안 좋은 행동에 대해서 단지 가벼운 벌로 끝나 버리곤 한다. 이러한 부모 양육 불일치를 자녀가 보면서 자신의 집에 문제가 있다는 것을 인식하게 되므로 더욱더 안 좋은 영향을 자녀에게 주게 된다. 또한 부모의 결혼생활에 문제가 있음을 느낀다. 왜냐하면, 한 부모가 다른 부모에 의하여 상처받는다고 느끼기 때문이다. 당신이 이러한 상황에 처한다면, 자녀 앞에서 양육 불일치의 모습을 멈추고 상대방과 조용히 의사소통을 하여 해결하도록 해야 한다. 당신 스스로 문제를 풀 수가 없다면, 상담가를 찾는 것이 도움이 된다.

높은 스트레스 수준

아동들은 높은 긴장과 스트레스 수준이 있는 집에서의 생활에 영향을 받는다. 비록 대부분의 가족들은 경제적 압박, 법적인 문제들, 각각의 친구들에 대한 불만 등등을 경험한다. 어떠한 집에서는 이러한 문제들이 적개심과 분노를 야기시키기도 한다. 초기에 논의되었듯이 아동들은 이러한 갈등에 영향을 받기도 하고 그들 자신의 태도와 행동에 가정문제가 반영될 수도 있다. 나는 이러한 갈등에 관하여 부부끼리 하나하나씩 대화를 통해 해결점을 찾거나 상담하는 곳에 찾아가기를 권하고 싶다. 이러한 갈등이 계속 된다면, 수정되어야 할 아동의 행동은 변화를 보이지 않을 것이다.

구조의 부족

까다로운 자녀의 부모 역할을 할 때, 집 안에서 당신이 실천할 수 있는 어떠한 구조가 있으면 있을수록 자녀의 문제 행동은 감소할 것이다.

통제하기 힘든 자녀들은 어떤 것을 기대하지 못할 때 오히려 분노 행동을 한다. 자녀들은 부모가 은행에 가자거나 (스티브의 예와 같이) 하던 것을 멈추고 또 다른 것을 하게 한다거나 침대에 자러 가도록 한다거나 할 때 이성을 잃을 수 있다. 일반적으로 자녀의 환경을 예견 가능하고 일관적으로 만들면 만들수록, 분노 행동은 사라질 것이고 이러한 일상은 자녀에게 앞으로 올 것을 준비하게 할 것이다. 일어나고, 먹고, 숙제하고, 자유시간을 가지고, 잠을 자는 것과 같은 일상적인 생활을 규칙적으로 할 수 있게 하는 것이 매우 바람직하다. 이 책에서는 이러한 작업을 할 수 있도록 도울 것이나 일반적으로 일관되고 구조화되고 예견될수록, 자녀는 분노 행동을 덜 할 것이다. 우리가 특별히 개입을 하기에 앞서서 부모의 부정적인 감정을 통제하는 능력과 올바른 정신적 상태가 자녀에게 영향을 주기 때문에 부모는 차분함을 유지하고 좌절과 분노를 잘 다룰 수 있어야만 한다.

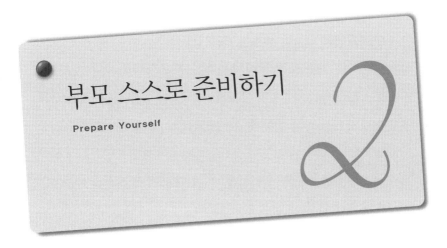

부모 스스로 준비하기

Prepare Yourself

2

두 변호사가 재판 후에 법원을 나왔다. 스미스는 원고 측이고 존스는 피고 측 변호사이다. 스미스는 "내가 법원에서 이성을 잃었던 점에 대해서는 미안하게 생각하네. 감정을 통제하기가 힘들었어. 이 사건에서 승소한 것을 축하하네. 나는 약간 놀랐네. 우리 쪽이 승소할 줄 알았거든." 존스는 대답했다. "차분함을 유지하는 것이 중요하다는 생각이 들었네."

앞에서 우리는 마이클과 그의 아들에 관한 이야기를 배웠다. 마이클은 자녀의 잘못된 행동에 대해서 매우 화가 나 자녀에게 소리를 쳤다. 마이클은 너무나 화가 나 보였다. 사실상 자녀의 잘못된 행동이 부모의 권위에 도전할 때 분노하고 화를 내게 되는 것이다. 좌절은 정상적 감정이지만 내적 분노는 부모를 이성적으로 사고하지 못하게 만든다. 앞에서 지적했던 것처럼 존스는 "차분함을 유지하는 것이 승소할 수 있는 방법이다"라고 하였다. 다시 말해서, 부모가 아동의 행동 문제를 수정하고자 할 때는 차분함을 유지해야만 한다. 그러나 자녀가 당신을 매우 화나게 하는 말과 행동을 할 때 당신은 어떻게 하는가? "아는 것이 힘이다"라는 속담이 있듯이 당신은 반응을 통제할 수 있다. 당신은 몸에 나타나는 반응들을 이해할 필요가 있다. 이러한 지식들이 부모의 분노를 통제시키는데 도움이 될 것이다.

아래의 예들은 우리가 강한 정서적 반응을 유발시키는 상황을 만났을 때 겪는 심리적 과정을 설명하는 것들이다. 이러한 예들은 부모 양육과는 직접적 관련이 없지만 통제능력이 부족한 아동을 양육할 때 우리가 겪는 경험과는 매우 유사하다. 우리는 위협 받고 우리에게 상처를 줄 수 있는 사람이나 분노 행동을 보이는 사람을 만날 때마다 비슷한 경험을 하게 될 것이다.

감정적 반응

한 사람이 바쁜 길을 가고 있다. 그는 신호를 살피다가 차가 없음을 확인하고 길을 건너기 시작하였다. 그가 길의 반 정도를 건넜을 때 저 멀리서 트럭이 경고등을 울리며 돌진해 오기 시작하였다. 그는 "으악~~" 외치면서 최대한 빨리 길을 건넜고 그가 반대편에 도착한 후, 그는 이마의 땀을 닦으며 "휴, 큰일 날뻔 했네"라며 중얼거렸다.

위의 예에서 남자가 느낀 감정은 무엇일까? 대부분은 두려움일 것이다. 두려움은 분노와 어떤 관련이 있는 것일까? 우리가 두려움을 경험하는 것과 분노를 경험하는 과정은 비슷할 것이다. 그러므로 앞에 언급한 상황에서 이 남자가 경험한 것에 대해 살펴볼 것이다. 그러고 나서 우리를 화나게 만드는 것이 무엇인지 살펴볼 것이다.

자극

앞에서 언급한 예에서 두려운 반응은 남자가 길 가운데에서 트럭의 경적소리를 들었을 때이다. 경적은 두려운 반응을 이끄는 것이 되거나 과학적으로는 자극이 될 수가 있다. 자극은 당신이 통제하는 어떤 것이 아니다. 자극은 일어나는 것이고 자극이 일어났을 때 당신은 그것을 다룰 수 있어야 한다. 때로는 길을 건널 때 인간의 부주의로 인하여 자극이 야기된 것으로 주장하는 사람들도 있을 수 있다. 좋은 지적이나 첫 번째 두려운 반응의 단계는 자극임을 염두에 두도록 한다.

해석

인간이 자극을 경험하는 순간(트럭의 경적 소리) 그러한 자극을 피하려고 할 것이다. 정확하지는 않지만, 그 남자가 경적 소리를 들었을 때와 빨리 벗어났을 때 일어날 수 있는 몇 가지 일들이 있고 이러한 것은 매우 빠르게 자동으로 일어난다.

트럭 경적 소리를 들은 후에 그 남자는 먼저 그가 들은 것을 인식한다. 그는 신속하게 이 소리는 어떤 때 나는 소리인지 그리고 일어났던 상황을 회상하게 된다. 그가 트럭을 보았을 때, 즉 어떠한 행동을 하기 전에 그의 생각 과정은 이전에 있었던 사건들을 해석하게 된다. 그렇지 않다면 비록 그가 트럭 경적 소리를 듣고 보았을지라도 위험에 처했다고 해석하지 않게 될 수도 있다.

예를 들어, 당신이 길가 대신에 육교를 건너고 있다면 어떨 것인가? 이러한 상황에서 남자는 육교 중간에서 경적 소리를 들었다. 그는 그러한 소리가 무엇인지 쳐다보지 않을 것이다. 그리고 육교라는 곳이 안전하다는 것을 재빨리 해석하지 않고 옆길로 나가지도 않을 것이다. 당신이 어떠한 행동을 취하기 전에는 자극을 해석해야만 한다. 이러한 것은 당신의 인식 밖에서 빠르게 일어난다. 당신이 자극에 어떻게 반응해야 할지 알지 못한다면 해석을 하지 않게 된다. 앞의 예에서 그 남자는 "으악~" 하고 소리쳤다. 많은 사람들은 그 순간에 말할 수 있는 것들이 많다. 2단계의 반응은 자극의 해석이다.

심리적 각성

이러한 상황의 해석을 통하여 자극에 요구되는 행동을 하게 되고(예를 들어 옆길로 피하기) 가장 효과적인 방식으로 행동할 수 있는 신체적 자원을 동원하게 된다. 당신의 교감신경계는 활성화 된다. 다시 말해서 행동을 수행하는 당신의 능력을 극대화하기 위하여 즉각적 심리 각성상태로 몸의 부분들이 활성화 된다. 이러한 심리적 각성은 혈압이 올라가고 심장이 뛰며, 소화기관으로부터 나온 피의 흐름이 근육으로 재분비되고 땀의 분비, 동공 확장, 혈액에 산소를 공급하기 위하여 호흡을 증가시키는 것이다.

이 상황에서 몸이 보이는 모든 것은 커다란 힘과 민첩함을 주도록 되어 있다. 앞의 예에서 속도는 트럭으로부터 벗어나게 하는데 매우 중요하다. 심리적 체계의 각성을 어떻게 하느냐 하는 것은 남자가 빠른 스피드로 나오게 하는 데 매우 중요한 것이다. 예를 들어 그는 반대쪽에 도착한 후에 땀을 닦았으며, 심리적 변화의 사인은 그의 몸 안에서 빨리 일어났다. 그래서 3단계의 반응은 행동을 위하여 준비하기 위한 심리적 각성이다. 사실상, 2단계(해석) 그리고 3단계(심리적 각성)로 인하여 인간은 빨리 결정하고 신체적으로 준비하며 위험으로부터 싸우고 멀리 도망가고자 하는 것이다.

반응

앞의 예에서 이 남자는 무엇을 할지를 안다. 그리고 신체적으로 준비를 한 다음에 그가 선택한 반응을 수행한다. 트럭으로부터 벗어나기 위하여 신체적 행동을 한다. 그는 그러한 행동에 몰두하며 빨리 행동을 수행한다. 반응 중간에 그의 마음을 변화시킬 시간이 없다. 그가 선택한 행동을 완전하게 하고 그의 몸이 허락할 때 효과적으로 빨리 행동을 하는 것이다. 그래서 4단계의 반응은 실제적 행동이고 과학적 용어로의 반응이다. 요약하자면, 반응의 4단계는 자극, 해석, 심리적 각성, 그리고 반응이다.

준비

실제적으로 2단계 이상은 과정에 포함될 필요가 있다. 첫째, 그가 자극을 경험했던 상황 이전 행동을 준비하는 것에 영향을 미치는 인간의 심리를 고려해야 한다. 길을 걷기 전에 그 남자는 알았다. 그 길이 매우 복잡하고 매우 위험하기 때문에 조심해야 한다는 것을 안다. 그는 정신적으로 빨리 행동해야 하고 이미 그의 몸은 각성 단계를 유지해야 한다. 비록 3단계에 겪었던 각성만큼 강한 것은 아니더라도….

다소 복잡한 4차선 도로보다 교통신호도 보이지 않는 매우 조용한 도로를 걷는다면 인간의 놀라는 반응은 다를 것이다. 그는 행동할 준비도 하지 않을 것이고 자극에 대한 반응도 지연될 것이다. 그래서 준비는 정서적 반응의 초기 국면이다.

결과

자신이 경험한 사건을 고려하여 다음과 같은 상황에서 어떻게 행동할지가 영향을 미친다. 이러한 예에서 남자의 반응은 안도였다("휴 너무 가까웠어"). 그리고 자극을 다루는 데 그의 반응이 효과적이었음을 인식한다. 그가 같은 길을 걷는 상황이라면 아마도 다음번에는 조심하게 될 것이다. 그러나 그는 그 길을 걸을 것이고 걷는 동안 트럭에 의해 놀라게 될지라도 그 상황을 잘 다룰 것이다.

그 상황이 조금 달랐다면 어땠을까? 만약 트럭이 그 남자의 손목을 치거나 했을 경우라면 어떠했을까? 그렇다면 그 남자는 다음번에 그 길을 피할 것이고 아마 어떤 차가 오기도 전에 두려움과 각성 상태를 느낄 것이다. 그래서 감정적 반응에 대하여 말할 때 우리는 6단계-준비, 자극, 해석, 심리적 각성, 반응, 결과-를 간주해야 한다.

우리는 특정 두려운 반응보다 정서적 반응에 주목해야 한다. 어떠한 정서적 반응은 일어날 사건의 결과이다. 특히 부정적(예를 들어, 두려움, 분노, 화) 반응은 인간의 속상함에 대한 정서 반응이며 인간은 다양한 경험을 통해서 느끼게 된다.

좌절된 부모의 정서적 반응

물론 우리가 관심을 갖고 있는 특정 반응은 통제 불가능한 아동을 양육할 때 부모가 경험하는 좌절과 분노이다. 다시 스티브와 그의 엄마(입문에서 논했던)의 사례를 보면서 분노와 좌절이 증대되는 과정과 엄마의 정서적 반응을 다시 살펴보도록 하자.

준비

이미 엄마는 아들과의 싸움에 대한 예견을 하여 개입하기를 두려워하였다. 그녀는 전에 아들과 싸웠던 경험들을 기억하였고 과거에 갈등과 좌절을 직면하였다. 이미 그녀는 "이것은 문제가 될 거야"라고 생각하며 아동과 상호 작용을 하였다. 그래서 감정 반응의 첫 단계에서 아들과 자신 사이에 일어나는 부정적 사건이 될 것임을 인식하며 개입하기 시작하였다.

또한 부모로서 부적절한 감정으로 인하여 더욱더 정서 반응을 악화시켰다. 그녀는 아들을 통제하지 못한다고 느꼈고 그로 인해 매우 화가 났다. 통제 불가능한 아동을 키우는 대부분의 부모들은 자신들의 자녀를 통제하지 못하는 것에 대해 양육에 실패했다고 생각하며 아동의 문제 행동을 바라본다. 이러한 신념은 아동을 향한 부정적인 감정을 더욱더 악화시키게 되고 매번 자녀의 분노 행동을 통제하는 데 당신이 실패한 것으로 생각하게 할 수 있다. 자녀가 부모를 무기력하게 만든다고 느끼며 자신이 통제력을 상실한 것에 속상해 할 수가 있다. 스티브 엄마의 경우에도 스티브가 분노 행동을 하지 않았지만, 분명히 부정적인 반응을 보일 것이라는 생각을 이미 해버렸다.

그녀의 몸짓, 언어, 목소리 톤, 아동에 대한 부적절한 단어 선택 때문에 스티브의 반응 또한 예민해지기 시작하였다. 까다로운 아동은 특히 긴장 반응과 사람들의 부정적인 반응에 민감해질 수가 있다. 부모가 자녀에게 짜증내거나 귀찮아하면 할수록 자녀 또한 공격적으로 반응하게 된다. 결과적으로 서로 갈등이 시작되는 것이다.

자극

스티브의 반항이 시작된다. 조심스럽게 스티브의 부모가 이 상황을 살폈다면, 처음에 반항하지는 않았을 것이다. 그는 복종하기를 거부하였으나 그가 그렇게 하지 않을 것이라고 말하지는 않았다. 비록 그의 엄마가 지시를 내렸을 때 순응하지 않았지만, 처음에는 그의 반응이 반항적이거나 도전적이지는 않았다. 엄마의 관점에서만 불복종이었을 뿐이다.

해석

엄마는 스티브와 문제가 있을 것을 예견하였다. 엄마는 자녀의 "네, 할게요"라는 대답을 엄마의 기대에 대한 확인으로 해석하였다. 이러한 해석은 상황을 더욱더 악화시켰다. 이러한 관점에서 보았을 때 스티브는 엄마가 이미 기대하고 있는 것에 응한 것이 된다. "네, 엄마"와 같은 대답을 하고도 수행하지 않을 때 앞으로 스티브의 어떠한 행동들도 엄마에게는 문제 행동으로 해석될 것이다. 그러나 그녀의 해석은 전적으로 정확하지 않을 수 있고 그녀의 정서적 반응을 불필요하게 고조시킬 것이다. 그녀는 점차적으로 스티브가 말하고 수행하지 않은 것에 대해서 화가 나기 시작할 것이다.

심리적 각성

분노와 함께 심리적 각성 상태가 올 것이다. 분노하는 동안 우리 모두가 경험하는 것처럼 엄마의 혈압과 심장 박동은 증가할 것이고 그녀의 호흡도 빨라지고 행동을 준비하게 만드는 흥분을 느낄 것이다. 이러한 각성 상태는 심리적으로 정신적으로 충격을 줄 수 있다. 이러한 단계에서는 더욱더 까다롭게 반응할 것이다. 스티브의 엄마는 전쟁터에 나갈 준비를 하고 조금의 짜증들이 폭발을 촉진하게 될 것이다.

반응

엄마는 스티브의 비순응적 행동에 신체적, 언어적 공격 반응을 보인다. 물론 스티브는 엄마의 분노 반응을 살피고 행동을 더 악화시킨다. 상황은 더욱 악화된다. 그의 반응은 엄마의 통제 상실에 의하여 더욱 악화되고 그녀는 스티브에게 분노를 표하게 된다. 그녀가 화를 내면 낼수록 상황은 더욱 안 좋아진다. 갈등은 악화되고 엄마는 스티브를 통제할 수가 없다.

결과

예에서도 제시되었지만, 스티브와 엄마의 갈등 후에 일어날 일들을 우리는 추측할 수 있다. 스티브는 엄마에게 다시 소리치게 될 것이고, 아마도 그는 스스로 이 상황을 속상하게 느낄 것이다. 스티브의 엄마는

"너 도대체 무엇이 문제니?"와 같은 상처주는 말을 하게 된다. 그리고 스티브가 차분해지고나서야 무엇이 잘못되었지를 말하게 된다.

이처럼 엄마는 부정적인 반응을 경험한다. 그녀가 다시 경험하게 되는 갈등과 그녀의 좌절 반응은 앞으로 스티브를 양육하는 데 더욱 부적절감을 느끼게 한다. 그래서 미래에 다른 전쟁에 대비하려고 할 것이다. 화났을 때 스티브에게 상처되는 말을 멈추지 않고 통제하지 못한 것에 대하여 자신에 대한 비난과 죄책감을 가지게 된다. 그리고 이러한 사건을 통하여 엄마의 마음속에 스티브를 통제할 수 없다는 생각을 갖게 하고 자신이 나쁜 부모이며 그녀가 지시하는 것에 긍정적인 반응을 보이지 않는 자녀를 키우고 있다고 생각하게 된다.

통제를 잘하는 부모들의 정서적 반응

이러한 악순환을 어떻게 깰 것인가? 반응에 어떠한 차이점이 있는지 6단계의 정서적 반응을 토대로 살펴보도록 한다. 이러한 단계의 개입을 잘 하기 위해서는 차분함을 유지해야 한다. 당신이 차분해질 때, 더욱 더 이성적으로 생각해볼 수가 있다. 당신이 몇 가지 단계에서 개입할 수 있으려면, 당신은 어떻게 반응할지에 대하여 차이점을 살펴보아야만 더욱 좋은 부모가 될 수가 있다.

준비

우선, 당신은 전쟁을 피해야 한다. 스티브의 예처럼, 당신이 전쟁을 기대하면, 무언가는 얻을 수 있을 것이다. 당신이 기대한 것에 대한 증거로 해석할 것이다. 대신에, 상황이 악화될 가능성에 대한 준비를 스스로 하도록 하여야 한다. 당신은 통제력을 유지할 필요가 있다. 앞장 서두에 밝힌 두 변호사의 예를 기억하기를 바란다.

차분함과 통제력을 유지하는 것은 중요하다. 당신이 아동에게 다가가기 전에 심호흡을 하도록 한다. 약 4초가량 당신의 폐에 완전히 숨이 꽉 차도록 깊고 천천히 숨을 들이 마시고 천천히 밖으로 내뿜도록 한다. 1분에 2~3번의 이러한 절차를 반복하도록 한다. 이렇게 하는 동안 당신은 스스로에게 "나는 차분해질 것이고 자녀가 무엇을 하든 간에 통제력을 잃지 않을 것이다. 나는 잘 할 것이다"를 말하도록 한다. "잘 될 것이고 성인처럼 차분하게 행동할 것이다." 이렇게 하는 것은 당신 스스로를 정신적으로 준비하게 도울 것이다. 이러한 것이 순환 기관과 폐 기관을 느린 속도로 유지시켜줄 것이고 더욱더 차분하게 만들어 줄 것이다.

월급을 받기 위한 일이 아니라는 것을 명심해야 한다. 아동의 행동 결과를 가르치는 것이 우리의 일이다. 심지어 아동이 순응을 하지 않을지라도 당신은 이성을 잃을 필요가 없다. 사실상, 당신의 자녀가 거절했기 때문에 부모가 장난감을 치웠다고 해도 지나치게 잘못된 것만은 아니다. 항상 이러한 방식으로 하라는 것을 의미하는 것도 당신이 부모로써 실패했다는 것을 의미하는 것도 아니다.

어떤 명령과 상황이 사실상 많은 시간과 노력이 요구된다면, 상황에 도달하기 위하여 기다리지 말도록 해야 한다. 스티브의 엄마는 은행 마감 시간이 임박하여 서둘러야 하는 상황이었다. 스티브에게 나갈 시간을 많이 주었다면, 문제는 심각해지지 않았을 수도 있다. 결국 그녀는 블록을 주웠으나 스티브의 순응 부족에 대한 적합한 결과를 보여줄 수가 없었다. 시간을 많이 주고 엄마가 일관성을 보여준다면, 스티브의 비순응은 사라지게 될 것이다. 다시 말해서, 가장 중요한 훈련자로서의 일은 결과를 관리하는 것이지 순응하게끔 압력을 넣는 것이 아니다. 당신은 자녀가 어떻게 그녀의 행동 선택에 반응하게 할지에 대해 지도할 것이다.

결과적으로, 반항적인 성향을 가진 아동은 부모의 양육과 관련이 없음을 기억하도록 해야 한다. 아동의 반항적 성향은 일반적으로 유전적이고 아동의 기본적 성격 유형을 결정하게 된다. 부모의 양육 때문이 아니다. 그것을 변화시킬 수가 없다. 부모로서 자녀의 성격을 수정하기 위하여 자녀가 좋은 판단력을 키울 수 있도록 돕고 주어진 상황 속에서 반항적 성향을 줄일 수 있도록 도와야 한다.

자극

당신이 통제할 수 없는 단계이다. 왜냐하면 비순응적, 부적절한 행동, 반항적인 행동을 보이는 자녀를 멈추게 할 수가 없다. 이제 당신은 이 책에서 제시하는 단계를 따름으로써, 차분함과 일관성, 충분한 시간이 아동의 행동적 문제의 어려움을 감소시킬 수 있게 됨을 명심해야만 한다.

해석

이 단계는 분노 통제를 성공적으로 실천할 수 있게 하는 데 큰 도움이 된다. 아동의 행동 문제를 해석할 때 어떻게 차분함을 유지해야 할지 그리고 통제해야 할지를 결정해야 할 것이다. 개인적으로 당신이 행동을 하면 할수록 더욱더 화를 내게 될 것이다. 당신에게 자녀가 심술부리기 위해 행동하는 것으로 생각하면 할수록, 당신의 화는 더욱더 커지게 될 것이다. 대신에 목표를 향해 수단과 방법을 가리지 않고 달려가는 사람처럼 자녀를 보도록 한다.

당신이 아동에게 하라고 말한 것을 좋아할 것이라고 기대해서는 안 된다. 대신 자녀가 선택한 결과에 대한 것을 인식하게 도움으로써 긍정적이고 부정적인 행동 사이에서 선택하게끔 해야 한다. 자녀가 무엇을 선택하든 간에 당신이 적합한 결과를 보여주는 것이 부모로서 최고의 역할을 하는 것이다. 설사 블록을 치운다고 할지라도 자녀에게 가치 있는 수업을 가르칠 수 있다면 다행인 것이다. 아동이 자라서 힘든 일을 배우는 것 대신에 자녀에게 적절한 결과를 가르치는 것이 좋지 않은가? 자녀를 위해서 부모가 지시하는 결과는 더 자세히 설명되어야 한다. 성인으로써 더 나은 결정을 자녀가 할 수 있게 하기 위해 당신이 준비한 것을 알게 하는 것이 자녀에게 좋은 감정을 갖게 하는 것이다.

심리적 각성

당신이 아동 행동에 대해 부정적인 해석을 하지 않으려면, 심리적 반응을 통제해야 할 필요가 있을 것이다. 몸의 각성은 심리적 반응을 통제할 수가 있다. 다시 말해서, 당신이 개인적으로 또는 행동을 지나치게 과장하지 않는다면, 분노를 폭발시키게 만드는 심리적 각성을 경험하지 않을 것이고 차분하게 통제할 수 있을 것이다.

심리적인 각성을 인식하면 폭발할 것 같은 감정을 느낄 수가 있고 이러한 것은 빨리 일어난다. 이럴 때는 집중하기가 힘들 수 있으나 진정으로 노력한다면 그것을 인식할 수도 있다. 실제적으로 당신은 더욱더 얇아지는 숨소리를 들을 수 있고 당신의 목소리와 말의 변화(일반적으로 사람들은 크고 빠르게 말한다), 혈압과 맥박이 증가함으로써 더욱더 다급함을 느낀다. 이러한 모든 것은 당신이 화가 났다는 증거가 되므로 이럴 때일수록 차분해져야 한다.

흥분함을 느끼거나, 피가 끓는 느낌을 받을 때, 이럴 때는 당신의 자녀로부터 다소 거리를 유지하는 것이 좋을 것이다. 다른 방이나 바깥으로 나가거나 또는 침실로 가서 차분해지고 안정을 찾기 위하여 문을 잠그도록 한다. 앉거나 눕는 것도 도움이 된다. 그리고 깊은 숨을 쉬는 것이 필요하다. 우리는 앞장에서 논의한 것처럼(4초 동안 깊이 숨을 들이 마시고 1초 동안 멈춰 있다가 4초 동안 내뿜는다) 1분 동안 3~4번 깊은 숨을 쉬도록 하며 정상적으로 숨을 쉬어야만 한다. 이러한 절차를 약 5분간 하면 매우 효과적이다. 당신이 그렇게 하는 동안 바다, 나무, 산과 같은 평화로운 장소를 상상해 볼 수도 있다. 비록 당신의 즉각적인 행동이 필요할 때(예를 들어 당신의 자녀가 위험한 어떤 것을 할 때) 대부분의 상황에서 당신이 차분해질 때까지 반응은 지연될 것이다. 당신은 더 나은 행동을 선택할 것이다. 그래서 당신은 더욱더 효과적이 될 것이다.

스티브의 엄마도 할 수 있었다. 차라리 스티브의 엄마가 은행을 못 가는 것이 아동에게 상처를 주는 것보다는 낮지 않았을까? 부모로써 당신 자신의 우선순위를 기억해야만 한다. 무엇보다 가장 중요한 것은 자녀가 감정을 잘 통제하며 자라는 것이 아닐까? 당신이 화가 났을 때 아동과 멀리 떨어질 수 없을 때 화내는 대신에 통제력을 잃지 않으려고 애써야 한다. 자녀와 서로 존중하며 권위를 세워줄 가치가 있는 인간임을 명심하도록 해야 한다.

반응

당신이 반응을 할 때는 차분하려고 애써야 한다. 1단계는 당신의 자녀에게 어떻게 표현할지를 제안한다. 당신이 직접적으로 아동이 해야 하는 행동을 지시하도록 한다. 아동의 성격을 논하면서 비난하지 말도록 해야 한다. 과거에 있었던 갈등을 꺼내지 말도록 한다. 각 선택에 따르는 결과와 아동이 가지고 있는 긍정적이고 부정적인 행동에 대하여 자녀가 생각할 수 있게 지시한다. 기억할 점은 자녀가 경험으로부터 배울 수 있는 기회가 되도록 지시하고 가르치도록 해야 한다는 것이다.

당신이 화가 난다는 것을 인식한다면 후회하게 될 말을 하지 말도록 한다. 자녀에게 상처를 준 것이 있다면 말한 것에 대하여 사과를 할 수 있다. 그러나 결코 지시한 것을 바꾸지는 말도록 한다.

자녀가 분노 행동을 보이더라도 자녀에게 반응을 보이지 말도록 한다. 자녀가 공격적이어도 이기려고 하지 말도록 한다. 당신이 너무 화가 나서 때리고 싶다면 자녀를 때리는 것이 아니라 차라리 다른 물건을 치도록 한다. 당신이 소리를 지른다면, 돌아서서 자녀가 아닌 다른 곳을 보고 지르도록 해야 한다. 자녀와 정규적으로 분노 폭발하고 스스로 해결할 수가 없다면, 분노를 조절하는 적합한 기술을 발달시키는 데 상담이 큰 도움을 줄 수 있다. 또한 자녀에게도 분노 조절 기술을 적용하게 될 것이다.

결과

갈등이 있을 때면, 특히 감정은 증폭되고 차분하게 일어난 일에 대하여 생각하려고 애쓰게 될 것이다. 당신 스스로 "아, 나는 알아. 앞으로 어떤 일이 일어날지…"와 같은 과거의 경험적 생각을 하지 않도록 해야 한다. 또한 당신 스스로를 비난하지 않도록 한다.

대신에 사건의 결과를 분석하려고 하지 말아야 한다. 당신의 자녀가 말한 것에 어떻게 행동하였는가? 자녀가 부주의하게 행동하였는가? 그렇다면 왜 그런가? 전에 결코 일어나지 않았던 행동이었는가? 정규적으로 일어난 행동에 대하여 적절하게 대응하지 못하였는가? 그렇다면 다시 이러한 상황이 생겼을 때 같은 상황을 어떻게 다룰지 계획을 세우는 것이 필요하다. 당신 스스로를 준비하고 차분함을 유지하고 상호 작용을 하기 전에 여러 대안에 관하여 생각하도록 한다. 이 책에서 당신이 배울 것은 이러한 여러 상황 속에서 당신이 잘 대응하게 도울 것이다.

기억할 점은 비록 당신이 부적합하게 행동한 것이라도 그것으로부터 배울 수 있고 미래에 같은 일을 반복하지 않게 애쓸 필요가 있다는 것이다. 실수를 받아들임으로써 배우도록 한다. 다음 장에서는 당신이 무엇을 할지를 생각해보도록 할 것이다.

프로그램

앞으로 통제 불가능한 아동이 보이는 일반적 행동 문제들을 어떻게 도울지 알려 줄 것이다. 점차적으로 각 장에서 여러 가지 방법이 필요함을 명심하도록 해야 한다. 그리고 당신은 1, 2단계에서 수행해본 후 크게 변화가 없음을 인식할 것이다. 이것은 아무 효과가 없었음을 의미하는 것이 아니다. 긍정적인 변화는 당신이 여러 단계 수행한 후에 점차적으로 나타나게 될 것이다.

당신은 차분함과 통제력을 유지해야만 한다. "왜 내 자녀가 이렇게 되었지?"라고 묻는 대신에, "이러한 자녀의 문제 행동을 위해서 내가 무엇을 할까?"를 먼저 생각해야 한다. 당신이 일관적이라면, 아동의 일상을 구조화 하고 더 예견 가능한 환경을 만들어주며 긍정적이든 부정적이든 즉각적인 결과를 보여준다면, 행동적 문제가 줄어들 것이고 자녀가 잘 적응하고 더 행복한 성인으로 자라게 될 것이다.

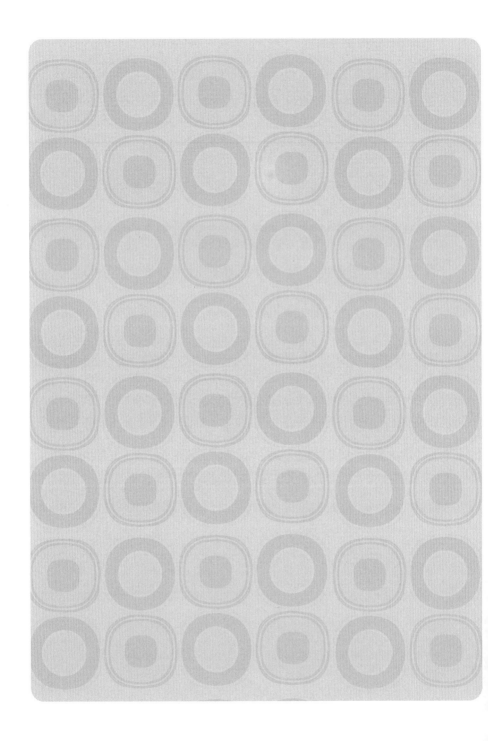

1단계 – 효과적 지시 주기

Step 1 – Give Effective Commands

3

이 장을 읽은 후에 당신은 왜 자녀가 부적절한 방식으로 행동적 문제를 보이는지 이해하게 될 것이다. 당신은 이러한 행동적 문제를 해결하기 위하여 배워야 하는 몇 가지가 있다. 다음 장에서 통제 불가능한 아동을 양육하는 데 도움이 될 만한 특정 전략들을 부모들은 배우게 될 것이다. 초기에 언급한 것처럼, 당신은 일주일에 한두 번 한 단계를 수행하려고 애써야 한다. 천천히 나아가는 것이 좋다. 당신은 다음 단계에 익숙해져야 하고 일상에서 적용하는 것이 중요하다. 각 단계는 자동적으로 될 때 가장 효과적이다. 또한 당신의 자녀는 새로운 양육 방법에 익숙해질 시간이 필요할 것이다. 이전에 내가 언급한 것처럼, 아동은 그들의 환경이 일상적이고 예견 가능할 때 가장 안정적이게 된다. 결과적으로, 자녀들은 적응할 시간이 필요하고 부모가 기대하는 행동을 배우게 될 것이다.

당신이 앞장을 읽지 않고 3장부터 읽기 시작했다면 다시 돌아가 앞의 내용을 읽도록 한다. 책을 계속 읽어나가며 지식획득은 가능하지만, 프로그램의 적용에서 완전한 효과를 얻기는 힘들 것이다. 다음 단계를 관리하는 당신의 능력은 사라지고 실패를 경험하게 되면 더욱더 포기하게 될 것이다. 앞장을 읽었다면, 당신의 성공은 더욱 가능할 것이고 프로그램의 효과를 보기 위해 앞장의 내용은 매우 중요하다.

시작하면서

첫 주 동안, 당신의 자녀와 상호 작용을 하는 데 있어 두 가지 측면에 집중하도록 한다.

- 자녀에게 어떻게 지시를 할 것인가.
- 자녀가 지시에 복종할 때 무엇을 할 것인가.

프로그램을 시작하면서, 자녀가 응답을 보일 만한 지시를 하도록 해야 한다. 이는 지시적이어야 하고, 단순한 행동을 요구하는 단순한 지시여야 한다. "장난감을 주워라", "가서 손을 씻어라" "TV를 끄도록 해라"와 같은 것들이 예가 될 수 있다. 그러나 "네 방을 청소해라", "너의 숙제를 해라"와 같은 복잡한 것을 요청하지는 말아야 한다. 이러한 상황에 응하게 하는 방법들은 다음 단계에서 이야기할 것이다. 매우 직접적이고 단순하여 자녀가 간단하게 행할 수 있는 요구를 하도록 한다.

부모들은 여러 번 자녀에게 지시하도록 해야 한다. 자녀가 까다로운 성향이 아니라면 아마도 많은 시간이 필요하지 않을 것이다. 그러나 까다로운 아동들은 다르다. 앞의 서두에 제시된 스티브와 엄마의 예를 한번 들어보자. 스티브에게 그의 장난감을 정리하게 한 엄마의 시도가 큰 문제가 되는 것은 아니다. 그러나 엄마는 스티브에게 지시를 하면서 자신의 일도 동시에 하였다. 스티브가 까다로운 아동이 아니라면, 아마도 이것은 별반 큰 문제가 아니었을 것이다. 그러나 통제 불가능한 아동을 순응하게 하려면 집중된 관심이 필요하다. 당신은 한번에 2~3가지를 기대하며 응답을 얻을 수가 없다. 대신에 당신이 하는 것을 멈추고 바로 자녀에게 접근하여 자녀와 당신의 상호 작용이 끝날 때까지 다른 활동을 하지 말아야 한다. 자녀가 순응하게 하기 위해서는 집중된 시간이 필요하고 이렇게 하여 절차를 수행해야 한다.

효과적인 지시

이 장의 마지막에 체크리스트를 보면, 효과적인 지시를 위한 세 가지 방법이 있다.

- 집중적 단서
- 지시
- 추후 관찰

이러한 사항을 자세하게 살펴보도록 하자.

집중적 단서

당신은 자녀에게 집중적 관심을 주어야할 뿐만 아니라 자녀에게 집중하고 바라보아야 한다. 스티브의 예처럼 그의 엄마는 다른 것을 하면서 스티브에게 지시를 하였고 때로는 또 다른 방에서 지시를 내리며 스티브가 몇 가지 지시를 수행하고 있는지의 여부조차 알지 못하였다. 결과적으로 당신이 지시를 할 때 해야 할 것은 집중적 관심이다. 이것은 집중적 단서를 통해 수행된다.

자녀를 집중하게 하는 가장 간단한 방법은 그의 이름을 부르는 것이다. 그러나 다른 방에서 또는 코너에서, 위층에서 자녀의 이름을 부르는 것은 효과적이지 못하다. 집중적 단서에서 가장 중요한 것은 눈 맞춤을 하는 것이다. 자녀 가까이 그리고 자녀가 있는 방에 가서 이름을 부르도록 한다. 심지어 또 다른 방에 머무를 경우 자녀가 당신을 바라보게 하여(예를 들어, 열린 복도를 통하여) 당신이 말하는 것을 듣도록 한다. 자녀의 이름을 충분히 부르지 못했다면, 자녀에게 "나를 쳐다보렴"이라고 말한다. 이러한 것이 충분하지 않다면 그에게 가서 그의 머리를 돌려서 눈을 맞추고 아동에게 몸을 집중하도록 하여 눈 맞춤을 잘할 수 있도록 한다. 기억할 점은 눈 맞춤이 없는 먼 거리에서의 지시는 아동이 이를 행하는 데 방해가 된다.

얼굴을 마주보고 지시하는 것은 서로 존중하는 방법이다. 왜냐하면 눈 맞춤은 서로를 묶어주는 무엇인가가 있기 때문이다. 계약이라는 것은 두 사람이 실제적으로 함께 하는 것이다. 그리고 서로 말한 것을 따라야만 한다. 비록 성공을 보장하지는 못하지만, 아동이 순응하게 만들 가능성이 높아진다. 그리고 통제 불가능한 아동의 부모들은 서로 관계를 잘 맺는 게 중요하다.

눈 맞춤을 하는 것은 추가적인 이점이 된다. 어떤 아동은 그들 주변에서 일어나는 많은 것의 활동 전환을 해야 할 경우가 있다. 아무리 누군가가 그들에게 짧은 지시를 할지라도 그러한 것에 집중해 나아가기가 어렵다. 주의 집중력이 부족한 주의력 결핍 과잉 행동 장애 아동들은 이런 방식으로 행동할 수가 있다. 그들이 응하지 않는 것이 반항의 신호는 아니다. 당신의 지시가 완전히 입력되지 않은 것이다. 순간적으로 눈 맞춤을 하기 위해서는 그들이 했던 모든 것을 그만두어야 한다. 그 이후에 그들은 더욱더 바랐던 행동을 수행할 수가 있다.

부모가 눈 맞춤을 하지 않는다는 것은 스티브의 예처럼 엄마가 다른 방에 있는 경우이다. 아동이 순응하기를 바라는 것은 2차적이다. 대신에 나갈 준비를 하고 자동차 열쇠를 찾는 것이 주 업무가 되었던 것으로 여겨진다. 의심할 여지없이 스티브는 장난감을 정리하고 나갈 준비를 해야 한다는 것을 알고는 있다. 안다는 것은 본능적이다. 그럼에도 불구하고 엄마가 더욱더 집중하지 않고 서둘렀다면 반항적인 행동들은 심해졌을 것이다. 요약하자면, 당신은 눈 맞춤을 통하여 아동의 활동을 그만두게 하고, 더 깊은 집중을 보이며 그에게 당신이 말한 것을 잘 할 거라는 것을 기대한다는 메시지를 보내는 것이 필요하다. 짧게 말해서, 눈 맞춤은 전략이다.

지시

일단 당신이 눈 맞춤을 한다면, 이제 지시를 잘 해야 한다. 지시를 하는 데는 많은 방법들이 있지만 모든 사람들에게 효과를 보이는 전략은 없다. 그러나 효과가 있는 몇 가지 전략은 있으며 이러한 것을 지키는 것은 아동이 순응하게 하는 데 도움이 될 것이다.

눈 맞춤

먼저 눈으로 아동의 권리를 존중하면서 지시를 내리고 있음을 기억하게 해야 한다. 당신의 자녀에게 지시한 것을 마칠 때까지 떠나지 말도록 한다.

존경해주지만 단호하게 하도록 한다

다음으로, 당신의 아동에게 존경을 표시하면서 단호하게 지시하도록 한다. 이러한 지시의 방식은 매우 중요하다. 존경한다는 것은 중요하다. 당신의 삶을 살펴보았을 때, 당신의 권위를 잘 지켜주는 사람들이 있다. 이러한 사람들은 아마도 다른 사람들보다 더 잘 기억할 것이다. 당신을 존중하는 사람들은 여전히 친절하고 신중한 사람으로 생각하고 그에 대해 평가할 것이다. 또 다른 한편, 당신을 마치 열등한 사람처럼 평가하고 중요하지 않은 사람처럼 대하는 사람들은 싫어하게 될 것이다. 사실상, 당신은 자신을 괴롭힌 상사보다 좋은 상사가 지시한 내용들을 더 잘할 것이다. 자신을 존중해주는 사람을 더욱더 존경하게 되는 것이다.

　내가 강의를 할 때, 부모들로부터 가장 많이 듣는 이야기 중 하나가 자녀들이 부모를 존중하지 않는다는 것이다. 그러나 나는 많은 부모들이 그들의 자녀에게 화내는 목소리로 말하고 소리치며 지시하고 무조건 따르기를 바라는 태도를 보게 된다. 자녀로부터 존중받기를 원하는 부모들은 자녀를 먼저 존중해야 한다. 아동들은 자신을 권위적으로 대해주기를 바란다.

또한 지시는 단호해야 한다. 부모들은 마치 그들의 자녀에게 구걸하듯이 지시를 한다. 이런 방식은 때로는 부모들이 그들의 자녀에게 요청함으로써 "제발 해줄래~"라는 식이 된다. 그리고 나서 부모들은 내가 이렇게까지 했는데 왜 아동이 말을 안 듣는지에 대해서 속상해 한다. 아마도 모든 부모들은 때때로 이렇게 해야 아동들이 말을 잘 듣는다고 말하기도 한다. 그러나 통제 불가능한 아동들은 꼭 순응하지 않아도 된다고 생각할 것이다. 당신이 이런 방식을 하고 있다고 말하는 것만은 아니다.

아동들이 어떠한 것을 해야 한다고 말할 때 "~해주지 않을래?"이런 방식은 좋은 것이 아니다. 왜냐하면 이러한 것에 대해서 "싫어요"라는 대답이 나올 수 있기 때문이다. 통제 불가능한 아동이 "싫어요"라고 하게끔 만드는 것은 좋지 않다. 대신에 지시에 집중하는 방식으로 말을 하도록 한다. 묻는 지시 대신에 존중하는 방식으로 부모가 원하는 것을 단호하게 말하도록 한다. 강제적으로 말하는 것이 아니라 명백하게 하도록 한다. 집중을 잘 할 수 있는 목소리 톤으로, 그러나 소리를 질러서는 안 된다.

요약하자면, 당신이 자녀를 볼 수 있는 위치에 서서 그의 이름을 부르고, 자녀가 당신을 바라볼 때 지시하도록 한다. 눈 맞춤을 잘 하면서, 구체적인 행동 수행을 지시하도록 한다(예를 들어 "지금 당장 장난감을 정리하도록 해라").

비언어

당신의 비언어적 의사소통은 권위를 가지고 명령하는 방식이어야만 한다. 비언어적 의사소통은 몸짓, 손짓, 목소리톤, 얼굴 표정, 말하는 방식(말의 속도를 어떻게 할지, 목소리가 올라갈지 내려갈지) 등을 의미한다. 일반적으로, 지시할 때 서 있는 것이 도움이 되며 당신의 몸에 손을 붙이도록 한다. 목소리는 단호하고(당신의 목소리를 매우 가볍게 올리되 소리치는 것은 아니다) 생각해놓은 단어로 진중하게 하도록 한다.

자녀들이 어리다면, 비언어적인 방식으로 지시하는 것이 매우 중요하다. 기억해야 할 점은 어린 아동들은 언어로 의사소통을 하는 것에 응하면서 지시에 '왜' 라고 의구심을 가지는 능력은 제한되어 있다. 3~4개월 된 아동들이라면 아마 몇 마디 말밖에 알지 못해도 당신의 감정과 표현에 잘 응할 것이다. 당신의 지시를 받아들이는 방법은 얼굴 표정과 몸짓, 그리고 목소리 톤으로 할 것이다.

사실상, 얼굴 표정을 인식하는 어린 아동의 능력은 보편적이다. 많은 연구에서 영아들에게 같은 사람이 다양한 감정을 표현하는 사진이나 비디오를 보여주었다. 영아들은 매번 정확하게 적합한 감정을 보였다(예를 들어, 그들은 행복한 얼굴을 보면 웃었고 슬프거나 화난 표정을 보면 울거나 철회되었다). 게다가 다양한 감정들의 이미지를 다른 문화의 영아들에게 보여주었을 때도 결과는 같았다.

어린 아동들은 당신의 말에 덜 관심을 보이지만 당신의 몸짓과 얼굴 표정, 그리고 목소리 톤으로 전하는 비언어적 메시지에 더 반응함을 기억하도록 한다. 나이가 많은 아동들은 언어적 메시지에도 적응을 잘 하지만 비언어적 메시지에도 집중을 잘할 것이다. 당신의 말이 한 가지라면(예를 들어 "나는 응하기를 원한다") 당신의 비언어적 의사소통은 또 다른 메시지를 보내게 된다(예를 들어 "이런 것이 효과적일지 나는 확실치가 않다"). 당신의 아동은 당신의 주저함을 포착하게 되고 잘 순응하지 않으려고 할 수도 있다.

여기에는 모순도 있다. 당신의 비언어적 의사소통은 속일 수가 없다. 이것은 당신의 진정한 감정을 반영한다. 당신이 주저한다면, 아무리 당신이 단호하고 강하게 말했다고 해도 자녀는 알게 될 것이다. 그러면 부모들은 무엇을 해야 하는가? 앞장에서 논의된 바와 같이 당신이 스스로 현실적 결과를 기대하는 것이다. 부모로서 당신이 해야 할 것을 정확히 알고 통제함을 유지하며 결과를 관리하도록 하는 것이다. 당신이 잘할 것이라는 것을 믿고 비언어적 메시지가 자녀에게 잘 전달될 것이라는 확신을 하도록 한다. 당신의 단호함이 자녀에게 인식되도록 한다.

또한 중요한 점은 자녀의 영역을 너무 침범하지 않는 것이 좋다. 성인과 같이 자녀들도 그들의 사적인 공간과 영역이 있고 자신들의 공간이 침범되었을 때 속상해 한다. 자녀가 행동을 수행할 수 있도록 지시하는 상황은 긴장될 수가 있다. 자녀의 공간을 침범하는 것은 자녀의 폭발적 반응을 나타나게 하는 것이다. 물론 눈 맞춤은 매우 중요하다. 이러한 것이 유일한 방법이라면 자녀 가까이서 눈 맞춤을 하지만 너무 자녀의 영역을 침범하지는 않도록 한다.

협상하거나 논쟁하지 말라

단호하게 접근함으로써 자녀가 협상과 저항을 하지 못하도록 해야 한다. 자녀와 거래를 하지 말고 토론을 하지 말도록 한다. 왜 그가 당신이 지시한 것을 수행해야 하는지를 알기 원하더라도 설명을 계속 하지 말아야 한다. 일반적으로 자녀에게 이유를 한 가지 정도로 짧고 간단하게 설명해주는 것이 좋다. 그러나 당신이 이미 말한 것을 반복하여 설명하지 말도록 한다. 자녀가 계속 질문한다면, "나는 이미 너에게 설명했어"라고 짧게 말하거나 "왜냐하면 내가 그렇게 말했어"라고 말하도록 한다. 기억할 것은 당신이 지시한 것을 자녀에게 허락받는 것은 아니라는 것이다.

자녀와 상호 작용을 하는 부모들의 모습을 보면 부모들은 자녀에게 요구하는 것이 옳은 것임을 확인받고 그들의 자녀에게 동의를 받고 따라주기를 바란다. 이것은 부적절한 것이다. 첫째, 당신의 자녀에게 하라고 말한 것을 자녀가 판단할 위치는 아니다. 두 번째, 당신의 지시가 부적합한지 자녀가 판단하는 것도 아니고 당신이 하라고 한 지시에 대해서도 변명하라고 하는 것이 아니다. 직장에서 당신의 상사가 당신에게 무엇인가를 하라고 할 때 또는 군대에서 계급이 높은 군인이 직속 부하에게 명령을 내리는 것 같이 직접적인 지시를 내리고 아랫사람들은 받아들이는 것이다. 이처럼 부모 자녀 관계는 상하 관계이다.

다시 요약하자면, 자녀가 지시에 대하여 당신에게 질문한다면, 간단한 설명을 오직 한번 "내가 그렇게 말했기 때문이야"라고 대답하고 자녀가 저항하거나 질문하지 않도록 한다.

한 번에 한 가지 일을 하도록 하기

부모의 지시는 자녀가 수행하기를 원하는 오직 한 가지 행동이어야만 한다. 한 번에 한 가지씩 하는 지시는 매우 중요하다. 자녀가 여러 가지 행동을 수행하기를 원한다면, 처음에 지시를 하고 지시를 완수하였는지 와서 확인하도록 한다. 그리고 나서 그에게 두 번째 지시를 하도록 한다. 또 지시가 잘 수행되었는지를 와서 보도록 한다. 다시 말해 이것은 방법이다. 한 번에 한 가지 지시를 하는 것보다 여러 가지 지시를 할 경우 자녀는 지시를 무시하기가 쉽다. 주의력이 부족한 아동을 생각해보자. 그들은 처음 또는 마지막 지시만 수행 할 것이다. 최악의 경우에는 모든 지시를 무시할 수도 있다. 그리고 한 번에 한 가지보다 그 이상을 하라고 말하는 것은 문제를 더 초래할 수가 있다.

당신의 자녀에게 지시를 반복하여 말하게 하기

결과적으로, 자녀에게 스스로 당신의 지시를 반복하여 말하게 할 수 있다. 이것은 꼭 필요한 것이 아니다. 그러나 주의력이 부족한 자녀라면, 또는 당신이 말한 것을 잘 수행하는지 안하는지 확신하지 못하겠다면 도움이 될 수도 있다. 너무 활동에 집중하고 있을 경우 그리고 그들이 멈추기 힘들다는 것을 알았을 때, 자녀와 눈 맞춤을 하면서 지시한 것을 하게 할 뿐만 아니라 지시를 반복하여 말하게 하는 것이다. 이것은 자녀가 하는 것을 멈추고 당신이 지시한 것을 하게끔 하는 데 도움이 될 수 있다.

앞에서 논의한 것을 모두 요약하자면,

- 당신은 자녀를 똑바로 볼 수 있는 곳에 위치를 잡아야 한다.
- 자녀의 이름을 부르고 당신을 바라보게 한다.
- "지금 당장 주워라", "네 코트를 지금 주워라", "지금 당장 TV를 꺼라"와 같은 단호한 목소리로 특정한 지시를 하도록 한다.
- 자녀가 "왜"라고 묻는다면, "왜냐하면 저녁시간이니까" 또는 "왜 냐하면 우리는 나가야 하니까"와 같은 간단한 답을 하도록 하여 더 질문이 나오지 못하도록 하고 "나는 이미 이유를 말했다", "왜 냐하면 나는 그렇게 말했다"라고 말하도록 한다.
- 지시를 말한 후에는 자녀에게 물어봄으로써 당신의 지시를 반복 해서 말하도록 한다. "내가 지금 말한 것을 반복해서 말해볼래"라 고 하고 틀린 부분에 대해서는 수정을 해주고 "지금 당장 하도록 해라"라고 한다.

추후 관찰

일단 당신이 지시한 후에 당신은 한 가지 이상을 해야만 한다. 추가적 으로 15초 정도 당신의 자녀를 바라보고 서있도록 한다. 움직여서는 안 된다. 숫자를 세도록 한다. 이것이 처음에는 이상할 수도 있으나 자 녀가 수행할 것을 생각하도록 한다. 당신이 말한 것을 하게 만드는 압 박이 될 것이다. 이것은 왜 당신이 눈 맞춤과 단호하게 말해야만 하고 적절한 몸짓과 목소리 톤을 유지해야만 하는지에 대한 이유 중의 하나 이다. 본능적으로 부모들은 자녀들을 순응하게 하기 위하여 자녀에게 압력을 가할 필요가 있다는 것을 안다. 그러나 일반적으로 그들은 소 리치거나 요구하거나 부적절한 행동을 통하여 아동에게 권위를 보이려고 한다. 이러한 방법은 갈등을 증폭시키고 언쟁으로 이끈다. 자녀를 조용히 쳐다보는 것은 자녀와 갈등 없이 오히려 압박감을 주는 것이 된다.

당신 자신의 경험을 생각해보자. 누군가가 당신에게 무언가 지시를 내리고 당신을 쳐다보고 바라보고 있었던 경험을 해본 적이 있는가? 그래서 매우 불편함을 느꼈던 적이 있는가? 당신에게 이러한 경험이 없다면 한번 해보기를 바란다. 당신의 배우자와 친구들이 어떤 지시를 내리고 당신이 그것을 할 때까지 서있어 보라고 하는 것이다. 당신은 큰 부담감을 느낄 것이라고 나는 확신한다. 이것은 당신이 자녀에게 하기를 바라는 것이며, 쳐다보고 있는 것은 매우 효과적일 것이다.

자녀가 왜 자신을 바라보고 있냐고 질문한다면 여러 방법으로 대답할 수가 있다. 질문을 무시할 수도 있고, 자녀에게 내가 하라고 한 것을 제대로 하지 않았기 때문이라고 말할 수도 있으며, 당신이 원하기 때문에 그렇게 한다고 말할 수 있다. 기억할 것은 자녀에게 설명을 꼭 해야만 하는 것은 아니다. 대부분의 아동들은 벌을 면하기 위해서 당신이 요청한 것을 할 수도 있는데 이것은 좋은 시작이다.

자녀를 지켜보는 동안 자녀가 말하는 것에 응답하지 않도록 한다. 당신의 자녀는 처음 지시를 주었을 때 충동적으로 반항하고 저항할 수 있다. 때로는 싫다고 말하거나 자신을 떠나기를 원할 수도 있거나 자신을 풀어주기를 바랄 수도 있다. 그러나 당신이 그를 쳐다보고 있으면 압박감과 부담감을 느낄 것이고 응하게 될 것이다. 내가 수백 번 목격한 예를 들어보겠다. 장난감을 치우라고 말했을 때, 아동은 처음에 다음과 같이 말한다. "싫어요. 나는 끝마치지 못 했어요." 그러나 부모가 계속 쳐다보고 있으면 아동은 줍기 시작하면서 "나는 하기 싫어요" 또는 "엄마는 항상 마음대로 해요"라고 말할 것이다. 이러한 상황에서 부모는 심지어 저항을 하더라도 아동의 말에 대해 어떠한 반응도 보이지 않도록 한다. 아동은 장난감을 주울 것이다.

긍정적인 피드백

절차를 계속 진행해가며 당신의 지시에 순응한다면, 자녀에게 긍정적인 피드백을 주어야 한다. 당신의 목표는 자녀가 올바른 행동을 할 수 있게끔 지시를 잘 하는 것이다. 이러한 결과들은 즉각적이고 긍정적인 행동이 따라야만 한다. 당신의 자녀가 올바른 선택을 하였을 때 즉각적으로 긍정적인 결과를 주고, 그가 부정적인 행동을 보였을 때 즉각적으로 부정적인 결과를 주도록 한다. 부정적인 결과는 이 책의 후반에 논할 것이다. 지금부터는 긍정적인 결과에 대해서만 볼 것이다.

당신의 자녀가 당신에게 순응할 때마다 당신은 긍정적인 결과를 주도록 한다. 긍정적인 피드백에는 여러 가지가 있다. 언어로는 "고마워", "잘했어", "멋지다", " 좋았어", "내가 요청한 것을 잘해서 기분이 좋구나", "내가 지시한 것을 들었을 때 고맙게 생각한다"와 같은 말들을 할 수가 있다. 비언어적인 것도 효과적이다(웃거나, 윙크하거나, 껴안거나). 그러나 기억할 점은 비록 아동이 비언어적 메시지에 민감할지라도, 특히 아동들이 어리거나 주의력 부족을 가진 아동이라면 행동의 즉각적 반응에 당신의 윙크와 웃음이 연결되지 못할 수도 있다. 결과적으로 당신은 항상 언어와 비언어적인 것을 보여야 하고 더욱더 효과적으로 하려고 노력해야 한다. 이는 자녀가 긍정적으로 느끼게 만들고 그가 앞으로도 그렇게 느끼기를 바라는 것이다. 당신이 원하는 것을 아동이 잘 하게 만들려면 수행한 것에 대해 좋은 결과를 주어 아동이 앞으로 이런 행동을 반복하게 해주어야 하는 것이다.

자녀는 당신에게서 긍정적인 말들을 듣지 못할 수도 있다. 통제 불가능한 아동들은 하루에 한번 이상 부모와 갈등을 한다. 그들은 소리 지르고 난리를 치기도 하고 벌 받을 것을 예상하기도 한다. 그리고 보상을 기대하지도 못한다. 처음에 자녀는 부모가 긍정적으로 대할 것에 대해서 기대하지도 못하고 칭찬을 어떻게 받아야 할지도 잘 모른다. 나는 많은 부모들을 상담하였고 그들의 자녀에게 어떻게 칭찬해야 하는지 모르겠으며 불편하다는 이야기를 많이 들었다. 사실상, 나는 이러한 상황을 많이 보아왔다. 자녀의 행동과 자녀에 대해서 긍정적으로 말하는 것에 편안함을 느끼기 위해서는 많은 시간들이 필요하다. 갈등과 부정적인 감정의 균형을 잡는 것이 어려울 수가 있다. 추론적으로 생각해보면, 자녀가 경험하고 인식하며 당신의 지시에 순응하는 것을 기억한다면 결국 그에게 계속 순응하려고 할 것이고 다시 경험하기를 원할 것이다. 이것은 시간과 많은 연습, 인내력이 필요하다. 긍정적인 피드백을 주는 것은 당신에게 두 번째 과정이 된다. 자녀가 당신에게 복종할 때 칭찬이 자연스럽게 습득되고 나와야 한다.

적용

지시를 주는 절차는 세 가지 부분으로 나뉘어져 있다. 눈을 맞추고 집중적이고 실제적인 지시를 주고(단호하나 존경하는 방식으로) 당신의 자녀에게 압박감을 주기 위하여 15초 정도 따라 서있는 것이다. 아마도 이러한 것은 당신이 전에 했던 방식과 다르기 때문에 자녀는 경계심을 가질 수도 있을 것이다. 더욱이 이러한 절차를 수행함으로써 과거보다 자녀에게 복종하게 하기 위한 압박감을 주게 되는 것이다. 이번 단계는 자녀의 순응을 증가시킬 것이다. 자녀가 순응한다면, 당신은 그에게 긍정적인 피드백을 줌으로써 강화시켜야만 한다.

스티브의 경우를 다른 측면으로 살펴보자. 즉 스티브의 엄마는 이 장에서 논의했던 절차와 방법으로 상호 작용을 해보는 것이다.

스티브는 그의 블록을 가지고 놀고 있었다. 그의 엄마는 방으로 갔다. 그녀는 스티브에게 접근했고 말했다. "스티브, 나를 봐."

스티브는 계속 놀이를 하였다. 그의 엄마는 스티브에게 다가가 말했다. "스티브, 엄마를 보라고 말했어."

스티브는 바라보았다. 엄마는 스티브의 눈을 보면서 "스티브 장난감 블록을 지금 빨리 주우렴. 왜냐하면 우리는 나가야 하기 때문이야."

스티브는 저항하며 말했다. "엄마 나는 그렇게 하고 싶지 않아요."

엄마는 대답하지 않았다. 여전히 서서 그리고 스티브에게 말했다. 스티브는 압박감을 느끼면서 블록을 주워 나갔다. "스티브 고맙다, 내가 요청한 것을 네가 할 때 너무 감사해"라고 말하였다.

이러한 절차로 즉각 효과를 보지 못하더라도 멈추지 말도록 한다. 비록 당신의 자녀가 바로 순응하지 않더라도 이것이 가장 효과적인 방법들이다. 이것은 더 나은 상호 작용을 하게 하기 위한 기초 작업이고 앞장에서 논의한 것이다. 지금부터 효과적인 지시를 주어 아동이 순응할 때마다 긍정적인 피드백을 주는 것이다. 다음 단계로 나가기 전에 1~2주 동안 자녀에게 지시 절차를 주도록 한다. 이러한 과정 속에서 더욱더 상황을 잘 다룰 수 있도록 할 것이고 그 자체가 순응을 낳게 될 것이다.

Checklist 1

: 체크리스트 1

1단계 : 효과적인 지시 주기

현실적 기대

까다로운 자녀들은 지시와 요구에 따르는 데 문제가 있고 100% 순응 잘하는 자녀들은 이 세상에 없을 것이다. 그들은 종종 결과적으로 충동적이고 반항적이다. 모든 불순응에 대한 문제들이 사라질 수는 없지만 특별한 기법들은 도움이 될 수가 있다.

왜 자녀들은 그러한 방식으로 행동을 할까

- 자녀들은 당신을 화나게 만들기 위해서 나쁜 행동을 하는 것이 아니라 그냥 나쁜 행동을 한다.
  - 그들이 지시를 따를 수 없었기 때문이다.
  - 그들은 부모가 질문한 것을 어떻게 해야 할지 모르기 때문이다.
  - 그들은 왜 순응해야만 하는지 이유를 알지 못하기 때문이다.
  - 그들은 듣지 않음으로써 원하는 것을 얻을 수 있기 때문이다.
  - 기억해야 할 것은 자녀들의 행동은 목표 지향적이다. 그들은 원

하는 것을 얻기 위하여 무엇이든지 한다.

성격적 요소들

고집이 센 자녀들은 완고한 성인으로 자라게 될 것이다. 강한 성격은 인생에서 이점이 될 수가 있다. 부모의 목표는 강한 성격을 꺾는 것이 아니라 적당한 판단과 자기 통제력을 발달시키게 돕는 것이다.

절차

1. 주의력 단서

■ 당신 자녀의 이름을 부르도록 한다.

■ 눈 맞춤을 하도록 한다. 긴 지시를 내리지 않도록 한다.

2. 지시

■ 자녀에게 존경을 표시하나 단호한 방식으로 하도록 한다.

■ 긍정적인 포즈를 취하지만 자녀의 공간을 침범하지 않도록 한다.

■ 지시를 할 때는 심사숙고하여 단호하게 말하도록 하되 소리를 치지는 않도록 한다. 자녀에게 친절을 베푸는 것이 아니다. 당신이 그렇게 하라는 것이 아니다. 단지 말하도록 하고 돌아와 끝마쳤을 때 점검하도록 한다.

■ 자녀가 하기를 원하는 한 가지 일을 수행하게 하도록 한다. 필요하다면, 자녀가 돌아오도록 요청하고 당신이 마칠 때까지 바라보도록 한다.

- 논쟁하듯이 말하거나 너무 지나치게 설명하지 않도록 한다(최대한 짧은 설명을 하도록 한다). 자녀와 거래를 하지 않도록 한다.
- 자녀가 부모의 지시를 반복하여 말하게 한다.

3. 추후 관찰

자녀를 약 15초 동안 바라보고 서있도록 한다.

자녀가 지시에 복종한다면 칭찬을 하도록 한다.

2단계-효과적 경고 주기

Step 2 – Give Effective Warnings

4

당신은 1단계를 어떻게 수행하였는가? 이 프로그램을 통해 아마도 1단계에서 어느 정도 자녀가 순응하는 효과를 볼 수 있지만 항상 순응하는 것만은 아니다. 전혀 변화를 보지 못하였다면, 이전 장에서 권유한 대로 따르지 않았다는 것을 의미할 수도 있다. 아마도 눈 맞춤을 잊었거나 명백하게 지시하지 않았었을 수도 있다. 당신은 조용하게 기다렸거나 지시를 한 후 15초 정도 당신의 자녀를 바라보았는가? (기억해야 할 점은 한 가지 지시를 했는지 생각해보아야 한다.) 또는 통제 불가능한 아동의 경우 1단계에서 효과를 보지 못할 수도 있다. 이 경우에 포기하지 말도록 한다. 1단계의 방식처럼 당신의 자녀에게 계속 적용하도록 한다. 이것이 지금 효과를 볼 수 있지 않더라도 다음 단계에서는 효과를 볼 수 있다.

1단계의 효과가 나타나지 않을 때 그것의 실패는 보통 부모가 지시를 할 때 여러 방식에 따라 하지 않았기 때문일 수가 있다. 다시 한 번 스티브와 엄마의 상호 작용을 살펴보도록 하자.

비순응적 상호 작용

스티브의 예에서 묘사된 상호 작용을 살펴보면, 스티브의 모습은 가장 일반적인 것이다. 이것은 비순응적 상호 작용으로 심리적 문헌에서 자주 보여지고 있다. 사실상 이러한 상호 작용은 아동들이 일어나는 특정한 사건 때문에 덜 복종할 수도 있다. 『Defiant Children』란 책에서 Russell Barkley(1997)의 말대로 비순응적 상호 작용은 상황을 단계적으로 확대시키는 경향이 있다. 아동이 지시에 순응하지 않을 때 일반적으로 부모들은 지시를 반복하곤 한다. 그러한 반복은 순응을 낳지 못하고 부모 또한 반복하면서 좌절을 느끼게 된다. 당신은 이러한 유형을 잘 알 것이다. 당신이 자녀에게 "장난감을 정리해라"라고 말하였을 때, 자녀가 당신을 무시하고 "조금만 더하고요, 1분만요"라고 대답하면 당신의 좌절감은 증가하고 목소리는 오히려 격앙될 수 있다. 당신이 그것을 알기 전에, 무엇을 어떻게 해야 할지 잘 알지 못하기 때문에 소리치게 된다.

당신은 충분히 위협할 수 있다. 왜냐하면 너무나 화가 났기 때문에 아마도 현실적이지 못한 결과로 위협할 것이다("네가 이러한 것을 치우지 않는다면, 그것들을 쓰레기통에 버리고 말거야"). 왜냐하면 자녀는 부모가 자신을 두려워하고 있다는 것을 잘 알고 '두려워하는 전략'은 순응을 낳지 못하며 당신의 분노와 좌절만 증가시키는 결과를 낳는다. 일반적으로 이러한 상황은 부모가 아이에게 벌을 주거나 아니면 잔소리를 하다가 그만두거나 무언가 이득을 얻거나 해서 끝을 본다. 이러한 것은 합당한 결과가 아니다.

스티브의 상황이 바로 그런 예이다. 이전 장에서 내가 지적한 것처럼, 엄마의 지시 방법에 문제가 보인다. 스티브가 응하지 않았을 때 엄마는 지시를 여러 번 반복하는 방식을 사용하였다. 각 반복은 자녀가 순응하게 하는 데 실패했고, 그녀의 분노를 증가시키게 만들었다. 매번 그녀는 지시를 반복하였고 스티브의 불복종을 직면하였다. 그녀는 계속 되는 이러한 상황에 더 이상 효과를 볼 수가 없었다. 대신에 그녀는 더욱더 화가 나기 시작하였다. 그녀가 반복하면 할수록 비효과적임을 인식하기 시작하였다. 그녀가 화를 내면 낼수록 스티브는 더 응하지 않았다. 그녀는 무엇인가를 해야겠다고 느끼고 스티브에게 무뚝뚝하게 다시 지시를 반복하였다.

스티브의 엄마가 장난감을 던지며 위협을 시작하였을 때, 외관적으로는 순응을 얻을 수가 있었다. 그러나 이것은 비효과적이었다. 왜 이러한 것이 효과적이지 못할까? 그의 나이가 비록 어림에도 불구하고 낮은 지능을 가진 아동일지라도 단순한 원인과 결과의 관계를 인식할 수가 있다. 그는 장난감의 가격을 아는 나이는 아니지만, 그것들의 진정한 가치는 알고 있다. 부모님이 이러한 장난감을 사는 데 돈을 썼음을 알고 그러한 돈을 버려서는 안 된다는 것도 안다. 결국 그렇게 함으로써 아동보다 부모들은 더 상처받을 것이다. 본능적으로 스티브는 이러한 것을 잘 알고 그렇게 되어서는 안 된다는 것도 잘 안다.

더욱이, 스티브의 엄마는 과거에도 이러한 위협을 했었지만, 효과를 보지 못하였을 것이다. 왜 스티브가 그러한 위협을 따라야만 한다고 엄마는 기대하는 것일까? 이러한 위협적 전략은 비효과적이고 더욱더 화나게 만든다. 종종, 부모들은 이러한 위협적 전략을 마지막 무기로, 그들이 절망적일 때 그리고 무엇을 어떻게 해야 할지 모를 때 사용한다. 또한 이러한 것이 실패했을 때 매우 실망한다(스티브의 엄마처럼).

스티브를 위협하는 이러한 엄마의 시도는 효과를 보지 못했다. 그의 엄마는 체벌을 행하였다. 많은 부모들은 자녀가 궁극적인 통제력을 잃었을 때, 자녀들을 체벌하거나 최악의 경우에는 신체적 학대를 한다. 물론 이러한 접근은 바람직한 결과를 낳지 못하고 그들의 자녀는 더 이상 순응하지 않을 것이다. 반대로, 부모에 의한 체벌은 아동의 자존감에 부정적 영향을 주게 되고 부모 자녀 관계에 악영향을 주며 앞으로 부모가 말하는 것에 덜 순종하게 될 것이다.

또 다른 한편, 부모가 공격적 행동을 하지 않으면, 그들은 묵인을 하거나 자신이 지시한 것을 부모가 그냥 해버릴 것이다. 때때로 그들은 둘 다 해버리기도 한다. 결국 스티브의 엄마는 스티브에게 신체적으로 체벌하였을 뿐만 아니라 스스로 블록을 치우기까지 하였다. 이러한 공격성과 묵인 사이에서 후자는 아마도 더 나은 선택이다. 왜냐하면, 자녀의 자아존중감에 결정적인 악영향을 주지 않기 때문이다. 그러나 궁극적으로 이러한 두 가지 대안들은 합당하지 않을 수가 있다. 이는 순응을 낳지 못하고 당신 자녀의 행동에 대한 올바른 결과도 알려주지 못한다. 이러한 방식 둘 다 자녀에게 행동의 결과를 가르치지 못할 것이다.

부모는 어떻게 아동이 순응적으로 복종하도록 할 수 있을까? 어떻게 비순응적 상호 작용에서 순응적 상호 작용으로 전환시키고 사건의 고리를 끊을 수 있을까? 그렇게 하는 몇 가지 기법은 이미 이전 장에서 알려주었다. 그것은 제1장을 살펴보면 될 것이다. 더욱더 효과적이기 위해서는 눈 맞춤을 하고 지시를 말하게 하고 당신이 지시한 후에 15초가량 아동을 바라보는 것이다. 그러나 이러한 것이 효과적이지 않다면 다음을 읽어보도록 해야 한다.

순응적인 상호 작용

연구가들과 임상가들, 특히 Barkley(1997)는 반복적 지시를 하지 않고 아동의 순응을 이끄는 방법을 고안하였다.

1단계

지시를 반복할 때, 처음에는 당신이 1단계의 제안 모두를 따르도록 한다. 15초가량 아동을 조용히 바라볼 때까지 지시를 반복하지 말도록 한다. 이러한 것이 오랜 시간이라고 느낄 것이나, 시간이 지날 때까지 지시를 반복해서는 안 된다. 자녀에게 고요한 압박감을 충분히 준 후에 당신은 지시를 반복할 필요가 있다.

1단계 반복

당신이 시간을 주어도 아동이 따르고 순응하지 않는다면, 지시 반복을 하되 1단계의 모든 것을 잘 따르도록 한다. 다시 눈을 마주치고 "나는 말했다…"라고 지시를 반복하도록 한다. 그러고 나서 15초가량 서서 당신의 자녀를 바라보도록 한다. 중요한 것은 1단계 절차를 다시 한 번 반복하되 이번에는 자녀에게 "내가 말했다…"를 말함으로써 당신의 지시를 다시 말하도록 한다. 목소리는 소리치지 말고 차분히 하도록 한다. 자녀가 순응하지 않는다면 밖으로 나가지 말도록 한다.

지시를 반복함으로써 화를 내지 않도록 한다. 차분하고 명백하게 말하도록 한다.

지시를 자녀가 반복한 후에도, 여전히 복종하지 않는다면 화가 날 수도 있다. 자녀에게 경고나 최후통첩을 할 때가 이때이다.

경고

경고는 자녀를 위협하는 것이지만(결과를 이야기할 때 생각하기를 바란다) 효과적인 것을 극대화하는 방식이 될 것이다. 첫째, 당신의 대안을 생각해보자. 기억할 것은 당신은 차분함을 유지하고 아동의 행동에 대한 결과를 현실적으로 알려주어야 한다. 자녀에게 부모의 결정을 인식하게 하고 단순히 위협하는 것이 아닌 실천을 하게 하기 위한 경고임을 알려주도록 한다. 그리고 당신은 말한 결과를 알려주도록 한다. 그러고 나서 대안을 알려주어 행동의 선택을 하게 한다.

신체적인 체벌은 피하도록 한다. 많은 부모들은 매우 어린 아동들에게 효과를 보기 위하여 위협을 한다. 벨트로 때리면서 아동을 위협하는 것은 아마도 아동이 당분간 순응하는 데는 효과적일 것이나 이러한 방법을 사용하는 것은 최악의 길로 가는 방법이다. 이는 부모를 공포의 대상으로 바라보게 만드는 것이다. 당신을 두려움의 대상으로 바라보길 바라는가? 이것은 당신과 자녀와의 관계에서 매우 심각한 것을 암시하는 것이다. 그는 당신과 가까워지지 않을 것이다. 자녀들은 당신과 의사소통하려 하지 않고 분노하며 당신을 피할 것이다. 많은 연구에 의하면 낮은 자아존중감을 보이는 아동들은 이러한 경우들이 많다(Gershoff, 2002). 당신은 정말로 아동이 불행해하며 순종하기를 원하는가? 추가적으로 두려움에 의한 순종은 일시적이다. 당신의 자녀가 열두 살, 열네 살, 열여섯 살이 되었을 때 당신은 어떠한 방법을 사용할 것인가? 이 책에서 제시한 방법은 오랜 기간 사용할 수 있는 해결책이고 자녀가 나이가 들어도 꾸준히 이용할 수 있다. 신체적인 벌은 더 이상 실제적이고 유용하지 않다.

적당한 결과를 선택하고(다음 장에서 나는 어떤 제안을 할 것이다) 자녀에게 경고를 주도록 한다. 이것은 처음(1단계) 지시를 주는 절차와 같은 방식으로 해야 한다. 눈을 맞추고 나서 "당신이 하지 않는다면, 그러면…" 그리고 다시 서서 15초 정도 자녀를 바라보도록 한다.

우리가 제시한 것을 다시 살펴보도록 하자.

첫째, 앞장에서 제시한 절차를 수행하도록 한다.

- 자녀를 바라볼 수 있는 위치에 서도록 한다.
- 자녀의 이름을 부르고 자녀가 당신을 바라보도록 한다.
- "제발 지금 정리하도록 해라", "제발 너의 코트를 지금 줍도록 해라" 또는 "제발 지금 TV를 끄도록 해라"와 같은 특정한 지시를 단호하게 하도록 한다.

자녀가 지킨다면 칭찬을 (비언어적, 언어적으로) 하도록 하고 그렇지 않다면…

- 시각적 접촉을 하도록 한다.
- 다시 자녀 이름을 부르고 부모를 바라보도록 한다.
- "나는 지금 주우라고 말했다", "나는 네 코트를 지금 주우라고 말했다" 또는 "나는 TV를 지금 *끄*라고 말했다"라고 한다.

자녀가 지킨다면 칭찬하도록 한다(언어적, 비언어적). 그렇지 않다면 경고를 하도록 한다.

- 눈 맞춤을 유지하도록 한다.
- 다시 자녀의 이름을 부르고 당신을 바라보게 한다.
- "지금 당장 정리하지 않는다면, 나는 너를 위해서 치워버릴 것이다. 나는 그것을 치울 것이고 너를 더 이상 놀지 못할 것이다", "네가 코트를 정리하지 않는다면, 네가 그렇게 할 때까지 비디오게임은 하지 못할 것이다" 또는 "네가 TV를 끄지 않는다면, 나는 너를 위해서 끌 것이다. 그리고 오늘은 다시 보지 못할 것이다."

자녀가 지킨다면 칭찬을 하도록 한다(언어적, 비언어적). 그렇지 않다면, 당신이 다음에 말한 것의 결과를 시행하도록 한다.

결과

자녀가 경고를 준 후에도 응하지 않는다면 결과를 즉각적으로 수행하도록 한다. 빨리 하도록 한다. 기억할 것은 결과를 즉각적으로 주면 줄수록 더 효과적이 될 것이다. 이것은 가르치는 도구이다. 자녀의 행동과 결과 사이에 연결 끈을 만들어야만 한다. 빨리 그것을 수행하면 할수록 자녀는 더욱더 잘 배우게 된다. 결과의 수행은 차분하고 단호하고 즉각적으로 한다. 때때로 당신은 이후에까지 수행할 수 없는 결과를 이용할 필요도 있다(당신의 자녀를 30분 일찍 자러 보내기). 이러한 경우라면, 결과를 바로 말하고 적당한 시간에 결과를 수행하도록 한다.

비순응에 대한 적합한 결과의 예들을 들어보자.

- 하루 그 이상 장난감을 가지고 놀지 못하기
- 휴식시간에 TV 보지 못하기
- 휴식시간에 비디오게임 못하기
- 30분 일찍 취침하러 가기
- 맛있는 간식 못 먹기

기억해야 할 점은 당신이 실행할 수 없는 결과를 자녀에게 주어 두려움을 느끼게 할 필요는 없다. 당신이 힘든 결과를 자녀에게 줄지라도 빨리 벌을 주는 것이 좋다.

어린 자녀의 경우에는 타임아웃을 사용하는 것도 좋다. 당신이 말한 것을 하지 못한다면 타임아웃을 할 것이라는 것을 자녀에게 경고하는 것이다. 여전히 자녀가 반항한다면, 의자를 꺼내서 방의 코너에 가져다 두고 약 2분간 거기에 세우도록 한다. 시간이 다 될 때까지 자녀가 타임아웃 장소를 벗어나지 못하도록 한다. 그리고 곧바로 타임아웃하기 전에 당신이 하라고 한 것을 하도록 시킨다. 다시 거절한다면 타임아웃을 반복하도록 한다(다시 경고를 주고). 순응할 때까지 그렇게 하도록 한다. 이러한 절차는 특히 2~3살 아동에게 매우 효과적이다. 어린 자녀일수록 순응하게 하기 위한 절차가 될 것이다.

6~7살 자녀의 경우 이런 절차가 사용될 수 있으나 장난감을 뺏기거나 좋아하는 활동을 못하게 하는 것과 같은 경고처럼 효과적이지는 않다. 이러한 절차는 8~10살 이상의 자녀에게는 덜 효과적이다. 물론 모든 나이의 자녀들에게 타임아웃은 분노 행동을 통제하는 데 효과적이다. 이것은 다음 장에서 논의될 것이다.

부정적인 결과에도 반응을 보이지 않는 자녀들에게는 무엇을 해야 할까? 초기에 나는 부모가 이 단계를 이용할 때, 그들의 대다수는 많은 벌들을 주었지만 전혀 효과를 보지 못했다고 보고하였다. 그러나 내 경험에 의하면, 부정적인 결과에 응하지 않는 자녀들은 거의 드물다. 그들의 자녀는 보기에는 순응하는 것처럼 보이나 면밀히 보면 응하지 않았다. 결과는 항상 일관적이지 못하였다. 다시 말해서, 비록 부모들은 결과로 위협하지만, ("너 오늘 비디오게임 못 한다"와 같이) 실제로 부모들은 실천하지 않았고, 그래서 자녀들은 일관된 결과의 경험을 하지 못한 것이다. 때로는 부모들은 충분한 시간을 이용하지 못하였고 자녀에게 결과를 충분히 반복하여 가르칠 기회를 활용하지 못하였다. 그들은 한두 번 결과를 지시하고("오늘 TV를 보지 못 한다"와 같이) 세 번째의 경우, 이러한 경고에도 순응하지 못할 때, 아동들은 별반 벌 받는 것에 관심이 없어지고 그래서 이러한 접근은 효과를 보지 못하였다. 부모들은 그들의 자녀가 여러 번 경고를 주어도 결과나 벌은 없다, 라는 연결 도식을 가지지 않도록 결과를 확실하게 주도록 해야 한다.

처음, 세 번째, 다섯 번째마다 당신이 그것을 지시했을 때 2단계는 바람직한 결과를 낳지 않을 수도 있다는 것을 인식해야만 한다. 이것은 효과적이지 못하다, 라는 것을 의미하는 것은 아니다. 특히 충동적인 자녀들은 경험으로부터 배우는 데 어려움이 있다. 어떤 자녀는 한두 번 결과를 경험하고 그것으로부터 배운다. 반면 다른 자녀들은 6~7번의 행동의 결과를 통해 배운다. 결과가 효과적이지 않다는 것을 의미하는 것은 아니다. 자녀들은 더 많은 것을 배울 필요가 있다. 종종 이러한 부정적인 결과는 효과적이지 못하다고 말한다. 사실상 부모들은 행동의 결과에 대한 효과를 보는 데 충분한 인내를 가지고 있지 못하다.

당신의 목표는 순응을 얻는 것이 아님을 주목해야 한다. 차라리 긍정적이든 부정적이든 자녀가 행동을 하게끔 하는 것이다. 세상이 자녀의 행동에 어떻게 반응할지에 관하여 자녀가 경험하는 상호 작용을 해야만 한다.

가능한 한 당신의 경고에서 언급하지 않은 것에 대한 행동의 결과를 지시하는 것은 피하도록 한다. 부정적인 결과를 추가함으로써 당신의 자녀를 놀라게 하지 말도록 한다. 이것은 합당한 효과를 보지 못할 것이다. 오히려 아동을 화나게 만들 것이다. 부정적인 결과를 추가하는 것은 명백한 경고의 결과를 보여주는 것이 아니라는 것이다.

자녀가 자신의 마음을 바꿨을 때

당신이 결과를 지시한 후에, 자녀가 마음을 바꾸고 부모의 지시에 따르는 행동을 수행하기를 원하더라도 그것을 수행하게 내버려 두지 않도록 한다. 그에게 말한다. "너무 늦어버렸어. 내가 너에게 하라고 했을 때 그것을 했어야만 한다." 당신이 선택한 행동의 결과를 지시하도록 하고 당신의 마음을 바꾸지 않도록 한다.

칭찬

한 가지 중요한 점이 있다. 이러한 절차(부정적인 결과가 지시되기 전에)를 하는 동안 자녀가 지시에 복종한다면, 그에게 칭찬을 해주도록 한다. 자녀에게 처음으로 말했을 때 그가 듣는 것보다 지시를 반복한 후에(경고 후에) 아동이 복종한다고 해도 칭찬을 하도록 한다. 자녀가 처음 지시를 듣고 따르도록 하는 것은 후에 할 것이다.

전에 언급했듯이, 자녀를 칭찬할 때 "너는 잘했어. 그런데 처음에는 왜 하지 않았니?"와 같이 비난하는 칭찬은 피하도록 한다. 순응하게 하고 그래서 당신의 자녀에게 칭찬을 해주어 부모의 지시에 잘 따른 것에 대하여 좋은 감정을 가지도록 만들어야 한다.

적용

스티브의 엄마가 1단계와 2단계를 따르면서 어떻게 개입할 수 있는지 살펴보도록 하자.

스티브는 그의 블록을 가지고 놀고 있었다. 그의 엄마는 방에 들어

왔고 그녀는 스티브에게 접근하여 "스티브 나를 한 번 볼래"라고 말한다.

스티브는 바라본다. 그의 엄마는 스티브의 눈을 보고 "스티브 블록을 지금 정리해라. 왜냐하면 우리는 나가야 하기 때문이야"라고 말한다.

스티브는 저항하며 "그러나 나는 아직 다 놀지 못 했어요"라고 말한다.

그의 엄마는 아무런 답변을 하지 않는다. 그녀는 서서 그냥 스티브만 바라본다. 그녀는 조용히 101부터 120까지 숫자를 센다. 스티브는 계속 블록을 가지고 논다. 그가 120까지 숫자를 세었을 때 그녀는 "스티브 나를 봐"라고 말한다.

스티브는 바라본다. 그의 엄마는 "나는 지금 당장 블록을 정리하라고 말했어"라고 말을 한다.

"그러나 엄마 나는 탑 세우는 것을 멈추기 싫어요"라고 말한다.

스티브의 엄마는 그의 말에 어떠한 반응도 보이지 않는다. 그녀는 단지 서서 약 15초 동안 그를 바라보고만 있다.

시간이 모두 지났을 때, 그녀는 "스티브 나를 봐라"라고 말한다.

스티브는 바라본다. 그의 엄마는 "네가 블록을 지금 정리하지 않으면, 나는 너를 위해서 그것들을 치울 거야. 나는 내가 말한 것을 했으면 좋겠구나"라고 말한다.

전에 언급한 것처럼, 적어도 다음 단계로 넘어갈 때까지 1~2주 동안은 이러한 절차를 하도록 한다.

그러나 당신의 자녀가 이런 방식에 대해서 분노 반응을 보인다면 어떻게 할 것인가? 분노 반응이 언어적 폭발로 제한된다면, 그것은 무시하도록 한다. 그것은 이 책의 뒤에서 논의할 것이다. 자녀가 신체적으로 공격을 한다면, 즉각적으로 부모가 할 수 있는 모든 방법을 사용하여 개입하여야 한다. 다음 단계는 분노 행동을 어떻게 다루느냐이다.

Checklist 2

: 체크리스트 2

2단계 : 효과적 경고 주기

순응적 상호 작용의 절차

1. 준비
   - 차분함을 유지하기
   - 자녀 앞에서 항상 1단계를 유지하기
   - 방의 산만함을 줄이기

2. 초기 지시
   a. 태도적 단서
   눈 맞춤을 기억하기

   b. 지시
   단호함, 존경함, 명백함을 유지하기

   c. 추후 지시
   15초 정도 서서 바라보기

3. 반복 지시

- 차분함을 유지 : 소리 치지 말기
- 앞에 언급된 것처럼 세 가지 요소를 반복하되 당신의 목소리는 단호하게 말하기. "나는 말했다…"
- 유의점 : 한 번에 한 가지만 지시하고 반복하기
- 지시한 다음 15초가량 자녀를 서서 바라보는 동안 현실적인 결과를 생각하기
- 결과의 목표를 세우기 : 자녀가 배우도록 돕기

4. 경고

- 차분함을 유지하기 : 소리치지 말기
- 앞에 언급된 것처럼 세 가지 요소를 수행하되 자녀에게 결과를 말해 주도록 한다. "네가 …한다면, …하도록 하겠다." 기억해야 할 점은 15초 동안 자녀를 바라보도록 한다.

5. 결과

- 차분함을 유지하도록 한다.
- 결과를 지시하도록 한다(긍정적이거나 부정적이든).

자녀가 지시에 복종한다면 칭찬을 하도록 한다.

3단계-아동의 분노 반응을 어떻게 다룰 것인가

Step 3 - Learn How to Handle a Temper Tantrum

5

지금까지 당신은 1, 2단계에서 보여준 아동에게 지시하는 절차를 잘 연합하여 수행해야 한다. 갈등을 증폭시키지 않는 적합한 방법으로 자녀를 더욱더 압박할 수 있어야만 하고 자녀에게 명백한 메시지를 주어야 한다. 비순응적인 것은 무시하고 자녀가 당신에게 반항한다면 부정적인 결과를 주어야 한다.

당신이 엄격해지면 엄격해질수록 자녀는 반응을 보일 것이다. 당신이 자녀에게 기대하고 있는 것을 자녀가 수행하게 하기 위하여 더욱더 압력을 넣기 때문에 자녀는 새로운 당신의 태도를 좋아하지 않을 수 있다. 이것은 자녀를 더 짜증나게 만들 수 있고, 짜증과 분노 반응을 증가시키게 할 수도 있다. 이러한 '반격' 반응은 일시적이다. 그럼에도 불구하고 당신은 아동의 분노 반응에 대비할 필요가 있고 곧 그것을 다루어야 한다.

아동의 짜증과 분노 반응이란 어떠한 것인가

부모들은 아동의 분노 반응에 대하여 여러 생각들을 가지고 있다. 어떤 분노 반응은 경미하고 그러한 것을 다루는 데는 많은 행동이 요구되지 않는 것임을 인식하는 것이 매우 중요하다. 예를 들어, 당신의 자녀가 "이것은 공평하지 않아요"라고 말하면서 엄마가 요구한 것을 수행한다면 이러한 약한 분노 반응은 내버려 두는 게 좋다. 비슷하게, 아동이 화가 났을 때 그녀의 방으로 가서 문을 세게 닫아 버리는 감정적 표현도 내버려 두는 게 좋다. 자녀가 화가 나있는 동안 분노 반응을 하지는 않으나 "엄마 미워"라고 말한다면, 이러한 행동도 이 장에서 논의될 절차를 적용해서는 안 된다. 앞으로(6단계) 이러한 분노 반응을 어떻게 다룰지는 살펴볼 것이다.

자녀가 끊임없이 소리치고 울부짖고 부모가 "그만해"라고 말해도 계속 하는 것을 분노 반응이라고 해보자. 신체적 공격을 보이고, 자녀에게 장난감을 빨리 주우라고 했을 때 자녀가 마루에 장난감을 집어 던져버리는 것 이상이어야 한다. 이러한 것에는 당신에게 어떠한 것을 던진다거나 물건을 부수고 분노로 당신을 세게 때리기 시작하는 것과 같은 심각한 신체적 공격이 포함된다. 이러한 분노 반응을 보이면 이번 장의 절차를 따르는 것이 좋다.

이러한 유형의 분노 반응을 어떻게 다룰 것인가? 자녀의 분노 반응을 다루는 데는 많은 방법들이 있다. 아마도 가장 효과적인 절차는 타임아웃이다. 지금부터 살펴보자. "나는 타임아웃을 시도하려고 했으나 자녀에게는 효과가 별로 없어요"라는 생각이 드는 경우, 일반적으로 하는 타임아웃에도 방법들이 있음을 명심하도록 한다.

타임아웃의 사용

타임아웃은 분노 반응에 관한 결과로 매우 효과적이다. 분노 반응이 원인이 되는 상황으로부터 옮기게 하고 자극이 없는 환경으로 옮길 수도 있다. 이것은 두 가지 효과를 볼 수 있다. 상황을 바꿈으로써, 자녀가 하는 것이 무엇이든지 간에 멈추게 할 수 있고 분노 반응하게 만드는 자극을 제거할 수가 있다. 또한 자극이 전혀 없는, 즉 좋아하는 것이 전혀 없는 곳으로 옮길 수가 있다. 특히 이것은 지루함을 주는 벌이 될 수가 있다.

타임아웃 장소 선택하기

초기에 타임아웃을 시행하려고 결심했을 때 적당한 타임아웃 장소를 선택해야 한다. 당신이 선택한 장소는 여러 상황에 부응해야 한다. 전적으로 자극이 없는 곳이어야 한다. 당신의 자녀는 타임아웃 장소에서 고립될 필요가 있고 일반적 활동(예를 들어, TV 시청, 장난감 가지고 놀기, 또래와 상호 작용, 당신과의 대화)으로부터 떨어져야 한다. 많은 선택들은 이러한 범주에 부응하는 데 유용하다. 자극으로부터 떨어뜨려 코너에 두기, 계단 중 하나에 앉히거나 복도에 세워두기, 거실이나 가족 방의 의

자나 카우치에 두기, 목욕탕에 두기 등이 있다. 당신은 타임아웃하기에 적합한 장소를 고려해두도록 한다.

장소는 자극이 없는 곳이어야만 한다는 것을 명심해야 한다. 당신이 방에서 코너나 의자를 선택하였다면, 자녀는 누군가가 TV 보는 가까이에서 타임아웃을 해서는 안 되고, 장난감이 옆에 있어도 안 되며, 어떠한 누구도 타임아웃을 하고 있는 자녀에게 가까이 가게 해서는 안 되고, 대화도 해서는 안 된다. 또한 타임아웃을 하는 동안에는 강아지나 개와 같은 애완동물도 가까이 가게 해서는 안 된다.

욕조에서 타임아웃을 하는 것도 효과적이다. 당신은 샴푸 병, 면도하는 도구들, 헤어 드라이기 등등을 정리하여 타임아웃 방으로 욕조를 쓰도록 한다. 비록 비누, 수건이 욕실에 있어도 타임아웃 장소로는 적합하다. 설령 물이 있어도 대부분의 아동들은 타임아웃을 하는 동안 물을 가지고 놀지 않는다. 그들은 너무 화가 나서 놀 생각을 하지 못할 것이다.

자녀의 방도 타임아웃 장소로 적합하다. 이것은 정말로 마지막 장소이다. 타임아웃을 하기에는 다른 장소가 더 우선시 되어야 한다. 그러나 때로는 특히 나이 많은 아동일수록 적합한 장소가 없을 수 있다. 자녀의 방을 이용하려면, 기억하고 준비해야 할 몇 가지가 있다. 첫째, 그 방에서 모든 장난감을 없애도록 한다. 이것은 거실이나 복도에서와 같이 다른 장소도 마찬가지이다. 그 방에 자녀의 소지품이 모두 있으면 타임아웃을 자녀의 방에서 하는 것이 효과적이지 못할 것이다. 자녀가 원하는 것을 가지고 놀 수 있는 장소로 가기 위해서 벌을 받는 것은 아니다. 그 방에 TV나 컴퓨터도 없어야 하고 타임아웃이 시행될 때는 TV나 컴퓨터 사용을 하게 해서는 안 된다. 음악은 좋다. 당신의 자녀를 차분하게 만들 수 있기 때문이다(특히 나이 많은 아동일수록). 타임아웃을 위해서 자녀의 방을 사용한다면, 아동의 책이나 스테레오 정도가 유일한 자극이 될 수가 있다(또는 학업과 관련된 것).

자극을 최소화하기 위해서 자녀와 타임아웃 장소에 있어서는 안 된다. 이것은 대면을 연장시키는 것이다. 타임아웃을 하는 동안 자녀들은 당신과 상호 작용을 하려고 할 것이다. 당신은 타임아웃을 하는 동안은 눈도 마주치지 말고 묻는 말에도 대답하지 말며 말을 하지 않도록 한다.

자녀가 타임아웃을 하는 동안 공격적이 된다거나 타임아웃을 차분히 수행하지 않는다면, 당신은 감시하기 위해서라도 타임아웃 장소에 남아있는 것이 좋다(특정한 구속 절차는 이번 장 후반부에서 논의할 것이다). 그러나 기억할 점은 당신이 자녀를 구속하기 위해서 타임아웃 장소에 머물지라도 자녀와 상호 작용하는 것은 피하고 단순히 감시하기 위한 절차만 하도록 한다.

매우 어린 아동들의 경우 부모가 타임아웃 장소에 있을 필요가 있다. 두세 살 아동들은 의자나 소파에 있을 때 오랜 기간 머무를 수 없을 것이다. 자녀가 적어도 절차에 익숙해지고 타임아웃을 인식할 때까지 부모는 타임아웃이 끝나는 시간까지 함께 있는 것이 좋다.

준비

일단 적합한 장소를 선정하였다면, 타임아웃을 하기 전에 더 많은 준비를 해야만 한다. 당신이 타임아웃을 하는 동안 자녀와 많은 시간을 보낼 준비를 해야 한다. 초기의 평균 타임아웃은 약 45분 정도이다(Barkley, 1997). 당신이 처음 타임아웃을 지시했을 때, 특별한 산만함이 없어야 한다. 전화 코드도 뽑고 초인종 소리에도 대답하지 않아야 한다. 타임 아웃이 끝날 때까지 당신은 집중해야 한다.

타임아웃 절차에 대한 반응에서 주의해야 할 점은 초기에 모든 것을 멈추고 준비해야 한다. 타임아웃을 하다가 중간에 멈출 바에는 애초에 시작하지 않는 것이 좋다. 왜냐하면 자녀들은 자신의 반항이 효과적이며 이겼다, 라는 생각을 하게 된다. 그렇게 되면 다음번에 타임아웃을 하는 데 있어 많은 어려움을 겪을 것이다. 그러므로 적당한 타임아웃 장소와 충분한 시간이 허락되도록 하며 산만한 자극이 없고 타임아웃을 중도에 그만두는 상황이 없을 때 실시하는 것이 좋다. 기억해야 할 점은 처음에는 힘들 것이다. 그러나 자녀의 행동을 통제하기 위해서 부모가 해야 할 필요가 있는 무엇이든 하기 위해 준비를 하면 쉬워질 것이다.

다음 장에서는 신체적 공격은 아니지만 소리치고 분노 반응하는 것에 관하여 논의할 것이다.

비폭력 분노 반응의 타임아웃

처음에 자녀와 눈을 맞추는 것이 가능하다면, 자녀에게 멈추라고 말한다. 소리치지 못하도록 하고 자녀가 들을 수 있도록 단호하고 강하게 말하도록 한다. 약 15초가량 서서 바라보도록 한다.

자녀가 계속 소리친다면 "소리치는 것을 멈추지 않으면 너는 타임아웃을 하게 될 거야"라고 경고를 주도록 한다. 그 전에 눈을 마주치며 자녀를 바라보도록 한다. 자녀에게 경고를 준 후에는 15초가량 기다린다. 자녀를 바라보고 서있도록 한다.

자녀가 멈추지 않는다면, 타임아웃할 시간이라고 말하고 타임아웃 장소에 가도록 강하게 말한다. 타임아웃 장소에서 "너는 내가 끝났다고 할 때까지 머물러 있어야 해"라고 말한다. 자녀가 타임아웃 장소에서 계속 분노하면, "네가 분노 행동을 멈추지 않는다면, 여기에 계속 머무르게 될 거야"라고 말하도록 한다. 당신의 자녀가 타임아웃 장소를 떠나면, 타임아웃 장소에 돌아가도록 하고 다시 지시하며 말한다.

일단 자녀를 타임아웃 장소에 머무르게 하여 차분해지고 나면 시간을 재도록 한다. 타임아웃을 할 시간은 아동의 나이와 타임아웃을 하게 만든 심각한 행동에 달려 있다. 일반적으로 나이에 따라 1분이 규칙이다. 다섯 살이면 5분이 타임아웃 시간이고 일곱 살이면 7분이 타임아웃 시간이다. 그러나 어떤 연구에서는 어린 아동들에게는 타임아웃 시간이 짧은 것이 효과적이라고 말한다(Kapalka, 2001b). 일반적으로 나는 다섯 살보다 아래인 아동의 경우 2분 정도의 타임아웃이 적당하다고 생각한다. 나이가 많은 아동들은 나이에 따라 1분씩 증가하는 것이 적당하다.

자녀들은 상대적으로 시간을 재기 전에 조용해져야만 한다(심하게 소리치는 분노 반응이 사라지고 우는 것은 괜찮다). 자녀의 분노 반응이 계속되고 멈추지 않는다면, 타임아웃은 아직 시작되지 않았으며 차분해지지 않으면 시작하지 않을 것이라고 말한다. 이외에도 자녀와의 상호 작용을 피하고 질문에 대답을 하지 않도록 한다.

당신은 타임아웃을 할 실제적 시간을 말하지 않도록 한다. 시간을 정한다면, 자녀가 정하는 것이 아니라 당신 스스로를 위해서 정하도록 한다. 타임아웃을 언제까지 하고 언제 당신이 떠날지를 결정할 것이라는 것을 자녀들에게 알려주도록 한다. 이것은 별것 아닌 것처럼 느껴질지 모르나 실상은 지금 부모가 통제하고 있음을 자녀에게 상기시켜 주는 것이다. 이것은 부모로서 당신의 권위를 강화시켜 줄 것이고 통제 불가능한 아동을 양육하는 데 매우 중요한 것이다.

타임아웃 멈추기

일단 자녀가 타임아웃을 하게 되면, 타임아웃 장소에 가서 "네가 여기에 왜 있는지 아니?"라는 질문을 하도록 한다. 차분하게 당신의 자녀에게 말하도록 한다. 소리치거나 가르치지 말도록 한다. 자녀가 자신이 왜 타임아웃을 하고 있는지를 인식한다면, 자녀에게 "그런 행동을 할 때마다 너는 타임아웃을 하게 할 거야"라고 말하도록 하고 타임아웃에서 풀어주도록 한다. 당신은 자녀가 때로는 자신의 행동을 참을 줄 알아야 함을 배우게 되고 이러한 행동을 앞으로 또 하게 되면 같은 결과를 낳게 된다는 것을 알기를 원할 것이다. 자녀가 두세 살이라면 자녀에게 타임아웃을 왜 하고 있는지 묻기보다는, 또 이런 행동을 하게 되면 타임아웃을 하게 될 것이라고 말하는 것이 좋다.

타임아웃을 하고 난 후에, 분노 반응을 하게 만든 장소에 가서 같은 활동을 자녀에게 다시 하도록 하게 하는 것도 도움이 된다. 왜냐하면 당신은 자녀가 다시 같은 상황을 맞았을 때 더 나은 선택을 하기를 원할 것이다(더 나은 선택을 한다면 자녀는 다른 결과를 경험하게 될 것이다). 예를 한번 들어보자. 다섯 살인 제시카는 동물 인형을 가지고 놀고 있다. 제시카의 엄마는 그녀가 정리하고 저녁 먹기를 원한다. 엄마는 정리하라는 지시를 내리지만 제시카는 계속 놀이를 한다. 엄마는 다가가 장난감을 치우라고 다시 말한다. 그러자 제시카는 울며 소리치고 엄마를 때리기까지 한다. 제시카는 타임아웃을 받았다. 타임아웃을 마친 후 엄마가 그녀의 장난감을 돌려주지 않는다면, 제시카는 이런 특정 상황에 관하여 배울 수가 없다. 그러나 다시 그녀에게 동물 장난감을 주면, 그녀는 같은 상황을 다룰 수 있어야 한다. 제시카가 잘못된 선택을 하게 되면 다시 타임아웃을 하게 되는 것이다. 그러나 상황이 다시 반복되면 반복될수록 결국 그녀는 엄마를 때리지 않고도 정리할 수 있게 된다. 이런 방식으로, 제시카는 어떻게 자신을 통제하는지에 대해서 배우게 되는 것이다.

그러나 기억해야 할 점은 당신은 타임아웃을 하기 전에 이미 공고한 결과를 수행해야만 한다. 예를 들어 제시카의 상황에서 제시카가 정리를 하지 않는다면 오늘 하루 TV 시청을 하지 못하도록 해야 하는 것이다. 당신은 스스로 장난감을 주우면서 자녀에게 결과를 보여주어야 한다. 그리고 나서도 그녀가 분노한다면, 타임아웃은 분노 반응에 관한 벌이 되는 것이지 순응하지 않은 것에 대한 벌은 아닌 것이다. 이미 자녀에게 비순응에 대한 벌을 주었기 때문에 자녀가 타임아웃이 끝난 후에 장난감을 다시 줍도록 하지 말아야 한다. 단지 당신 스스로 장난감 정리를 하고 당신이 주는 결과인 TV 시청을 못하는 것에 대하여 아동으로 하여금 따르게 하는 것이다.

따라서 타임아웃 절차는 '비폭력적이지만 분노 반응을 멈추고, 경고

하며 타임아웃 장소에서 벗어나게 한다'이다. 일단 당신의 자녀가 조용하고 차분해지면 그 자리를 떠나게 하는 것이다. 자녀가 왜 타임아웃을 했는지를 간결하게 말해서 알도록 해야 한다. 그리고 나서 전에 했던 활동을 다시 하게 하여 스스로를 잘 통제하는지 살펴보는 것도 필요하다.

1-2-3 마법

당신의 아이가 다섯 살 이상인 경우 타임아웃 절차는 다소 수정되어야 한다. 당신의 자녀에게 멈추도록 지시하는 대신에 타임아웃이 임박했음을 경고하고 당신은 1-2-3절차로 대체할 수가 있다(Phelan, 2003). 자녀가 분노 행동을 보일 때 다가가 그녀의 눈을 바로 바라보고는(가능하다면) 단호하게 말하도록 한다 "지금부터 엄마가 셋을 셀 때까지 멈추도록 해라." 그리고 당신은 손을 펴서 약 5초간 기다린 후, 자녀를 바로 바라보게 한다. 자녀가 계속 분노 반응을 보인다면, "자, 둘"이라고 당신은 손으로 둘을 센다. 여전히 계속 자녀가 분노한다면, "자, 셋. 지금부터 타임아웃이다"라고 말하고 타임아웃 장소에 데리고 간다. 이러한 절차는 어린 아동에게 효과적이다. 이외에도 다른 절차나 지시 경고 또한 효과적이다. 당신에게 이러한 방법들이 편안하게 느껴지면 느껴질수록 둘 다 해보기를 권하고 싶다. 그러나 기억할 점은 일관적으로 지속하는 것이 중요하다.

폭력적 분노에 대한 타임아웃

이러한 절차는 비폭력적 분노 반응에 사용하는 것이 적합하나 당신의 자녀가 폭력적이라면 어떻게 할 것인가? 폭력적 분노 반응은 비슷하게 다룰 필요가 있다. 지시, 경고도 없어야만 한다. 다시 말해서 어떠한 폭력은 (당신에게 어떠한 것을 던지고, 방에다가 물건을 던지고, 물건을 부수고, 당신을 때리고 뒹구는 등) 당신의 자녀를 바로 타임아웃하게 해야 하는 것이다. 다시 말해서, 폭력적 행동은 최소화하고 자녀에게 어떠한 폭력도 허용될 수 없다는 강한 메시지를 주어야 한다. 또한 강한 분노 반응이 있은 후에는 타임아웃 시간이 길어지는 것이 적합하다. 나이에 따라 2분 정도가 적합하다. 그러나 이러한 방법은 다섯 살보다 어리면 수정되어야 한다. 폭력적 분노 반응의 경우에는 타임아웃을 최소화 할 수도 있다. 다섯 살의 아이가 지키기에는 너무 어렵고, 특히 활동적인 아동의 경우에는 10분의 타임아웃이 매우 힘들 수도 있다(기억해야 할 점은 당신의 자녀가 상대적으로 타임아웃 장소에서 조용해야 한다는 것이다). 또한 어린 아동은 시간 개념에 제한이 있으므로 시간이 길어지는 것이 오히려 역효과를 가져올 수도 있다. 다섯 살 아동에게는 10분이 5분으로 느껴질 수가 있다.

억제적 타임아웃

억제된 절차에 대해서 논의해보자. 억제적 절차는 자녀가 폭력을 보이는 동안 타임아웃 장소에 자녀가 머무르게 하는 방법을 의미한다. 한편, 당신의 자녀가 폭력적이지 않고 타임아웃이 끝나기 전에 벗어나려고 하지 않는다면 억제하지 않아도 된다. 대신에, 자녀가 타임아웃 장소에서 나오려고 한다면, 당신이 오케이 하고 승인할 때까지 장소에 머무르라고 한다. 처음에는 이러한 것을 반복할 필요가 있지만 자녀는 결국 이러한 것들을 받아들이는 방법을 배우게 될 것이다.

벽을 차고 물건을 마구 던지며 의자에서 일어나려 하고 부모를 때리는 등의 상황에서는 타임아웃에 제한이 필요하다. 이러한 행동이 계속된다면 억제적 타임아웃 절차를 행하도록 한다.

부엌과 거실에 있는 의자에 자녀를 앉히는 게 적합하다. 타임아웃 장소가 다른 곳이라면 자녀를 그곳으로 가게 하고 의자에 앉게 한 후 그녀의 손목을 잡도록 한다. 자녀의 뒤에서 손목을 잡고 자녀가 의자에 앉아서 등을 기대고 팔을 구부리고 앉을 때까지 잡고 있도록 한다. 처음에는 힘들 수 있으나 일단 수행하고 나면 점차 편안해질 것이다.

왜 아동을 껴안고 자녀를 통제하는 구속이 효과적인지에는 몇 가지 이유가 있다. 첫째, 자녀에게 계속 폭력적인 성향이 지속된다면 부모가 통제를 하는 동안에도 아마 계속 반항하며 폭력을 사용할 것이다. 자녀는 물거나 발로 차거나 당신을 할퀴려고 할 것이다. 앞에서 껴안으면 아동이 이러한 행동을 더욱더 쉽게 할 수가 있다. 반면, 뒤에서 껴안는 것은 자녀로부터 멀리 떨어지게 되고 자녀는 엄마를 차거나 물수가 없다. 일단 자녀의 허리를 세우게 하고 당신의 손으로 잡기 때문에(자녀의 손목을 잡고), 자녀가 할퀴거나 때릴 수 없게 할 수 있다.

두 번째로, 앞에서 껴안는 방식은 자녀가 강하면 강할수록 부모도 아동을 껴안을 때 힘이 강해져야 한다. 손목을 강하게 잡는 것은 당신이 자녀의 신체적 움직임에 영향을 받는다고 보면 된다. 이런 방식으로 구속하는 것이 다른 방식보다 힘이 덜 들 것이고 자녀의 행동을 통제하는 데 매우 효과적이라고 볼 수 있다.

마지막으로, 껴안는 방식은 침해하는 경향을 가지고 있다. 결과적으로 앞에서 껴안는 것은 자녀의 공간을 침해하고 자녀를 더욱더 짜증나게 만들 수 있다. 한편, 손목을 잡는 것은 자녀의 작은 부분을 잡게 되는 것이고, 자녀의 뒤에 있기 때문에 공간의 침해도 최소화 된다.

자녀를 통제하는 동안 차분하게 "네가 멈춘다면, 나는 네 손을 놓을 것이다"라고 낮은 톤으로 반복해서 말하도록 한다. 자녀가 소리치는 것을 멈추면, 자녀의 손을 놓고 자녀에게 의자에 앉으라고 지시한다. 조심성 있게 하도록 한다. 자녀가 다시 폭력적이 된다면, 빨리 손목을 다시 잡도록 한다. 처음 저항하는 동안 당신은 이러한 상황을 여러 번 반복하게 될 것이다. 그러나 낙담하지 말도록 한다. 자녀는 결국 당신이 폭력적인 행동에 관하여 포기하지 않음을 배우게 될 것이고, 더 나아가 타임아웃은 짧아지고 덜 폭력적이 될 것이다. 자녀가 차분해질 때 시간을 재도록 한다.

적용

이 장에서의 절차는 약간의 노력이 필요하다. 하지만 점차적으로 분노 반응이 감소하는 것을 보게 될 것이다. 자녀와 타임아웃을 하기 전에 경고를 주도록 한다. 시간이 지나고 나면, 경고는 충분해질 것이고 자녀는 배울 것이다. 경고는 자녀가 무엇을 하고, 잘못된 선택을 하면 어떠한 결과가 올지를 배우게 하는 것임을 알게 될 것이다. 그러나 폭력적인 행동에 관해서는 경고를 사용하지 않도록 한다. 자녀는 일단 폭력적으로 행동하거나 잘못된 선택을 하면 그에 부응하는 결과를 경험해야 됨을 배워야 한다.

단계를 나아가면서, 당신 스스로는 타임아웃 절차의 실습을 1~2주 정도 하도록 한다. 당신에게 1~3단계가 편해질 때까지 그리고 자녀가 절차에 익숙해져서 타임아웃 절차가 상대적으로 짧아지고 차분해질 때까지 4단계로 넘어가지 말도록 한다. 이때는 프로그램의 실시를 잠시 멈추고 시간이 걸리더라도 계속 준비하도록 해야 한다.

Checklist 3A

: 체크리스트 3A

3단계 : 아동의 분노 반응을 어떻게 다룰 것인가

분노를 하는 동안에는 1, 2단계를 넘기고 자녀를 타임아웃 장소로 바로 데리고 가도록 한다.

절차

1. 지시
   - 자녀가 하고 있는 것을 그만하라고 말한다.
   - 소리치지 말고 자녀가 집중을 잘하도록 크게 말하도록 한다.
   - 가능하면 눈을 맞추도록 한다.
   - 15초가량 기다린다.

2. 경고
   - 자녀가 멈추지 않는다면, 경고를 하고 타임아웃을 진행한다.
   - 위에서 언급한 것처럼, 지시하는 톤으로 눈을 맞추도록 한다.
   - 15초가량 기다린다.

3. 자녀에게 타임아웃 장소에 가도록 한다

- 자녀가 <u>스스로</u> 가게 한다.

- 필요하다면, 자녀를 타임아웃 장소에 강제로 가게 할 수도 있다.

- "내가 그만이라고 말할 때까지 타임아웃을 하도록 해라. 너는 조용히 해야 한다"라고 말한다.

- 필요하다면 자녀에게 제한을 주도록 한다.

- 자녀가 타임아웃 장소에 머무르지 않는다면, 타임아웃 장소로 돌아오게 하고 위에 언급한 것을 반복한다. 필요하다면 많이 반복한다.

- 일단 상대적으로 조용해지면, 시간을 재지만 얼마나 오랫동안 머무를지에 대해서는 말하지 않도록 한다. 시간을 잰다면, 자녀가 재는 것이 아니라 부모가 재도록 한다(시간은 다섯 살까지는 2분 정도로 하고 그 이상의 나이들은 나이에 따라 1분씩 추가하도록 한다).

4. 타임아웃 멈추기

- 타임아웃 장소에 가서 "네가 여기에 왜 있는지 아니?"라고 묻는다.

- 자녀와 맞서지 말도록 한다. 소리치고 가르치지 말도록 한다. 왜 타임아웃을 하는지 묻고 인식하게 한다.

- 자녀가 매우 어리다면, 타임아웃을 하는 이유에 대해 말해준다.

- "네가 이렇게 할 때마다 나는 타임아웃을 할 거야"라고 말하도록 한다.

- 이전 활동을 다시 하게 한다(매우 중요하다).

Checklist 3B

: 체크리스트 3B

타임아웃 장소 만들기

타임아웃 장소에는 자극이 될 만한 것이 없어야만 한다. 자녀가 고립될 수 있는 곳이 최고이다—TV, 컴퓨터, 장난감 등이 없어야만 한다. 억제 절차가 필요하다면 자녀와 함께 머물지만(아래 참조) 상호 작용은 하지 않도록 한다.

가능한 대안들

- 방의 코너에 서게 하기(거실, 부엌, 복도 등등)
- 계단에 앉게 하기
- 침실에 머무르게 하기
- 거실, 가족 방의 의자나 카우치에 앉게 하기
- 마지막 대안으로 타임아웃 장소가 없을 경우 자녀의 방을 이용한다. 그럴 경우 컴퓨터, TV, 장난감이 없어야만 한다.
- 어린 자녀일수록 의자나 카우치를 사용하도록 한다. 부모가 자녀의 시야에서 벗어나 있을 때에도 자녀가 타임아웃 장소에 항상 있어야만 함을 주지시키도록 한다.

- 타임아웃 장소에서 자녀의 신체를 잡아야 할 필요도 있다. 그럴 때 의자는 매우 효과적이다.

억제 절차

- 타임아웃 장소에 가도록 한다.
- "내가 떠나라고 할 때까지 거기에 있어야만 하고 조용히 해야 해"라고 말한다.
- 자녀가 분노 반응을 보인다면, 자녀를 의자에 앉히고 자녀 뒤에서 손목을 잡도록 한다.
- 자녀를 잡을 때, 자녀가 치거나 때리거나 발로 차거나 물거나 하지 못하도록 해야 한다.
- 자녀에게 "네가 분노 행동을 멈춘다면, 나는 손을 놓을 것이다. 그러나 너는 여기 앉아야만 한다"라고 반복하여 말하도록 한다.
- 자녀가 멈추었을 때, 당신은 손을 놓고 자녀에게 의자에서 지시를 받도록 한다. 다시 자녀가 분노를 보일 수 있다. 그렇게 되면 재빨리 다시 손목을 잡도록 한다.
- 당신이 초기 수행에서 이러한 방식을 반복한다고 해서 낙심해서는 안 된다. 자녀가 이러한 절차에 대한 규칙을 배울 필요가 있기 때문이다.

4단계-행동 계약 시행

Step 4 – Implement a Behavioral Contract

6

이제 자녀에게 지시를 내리는 방법 및 분노 반응을 개선하는 방법을 실제 적용해보도록 하자.

부모님들로부터 가장 흔히 듣는 불평 중 하나는 자녀들이 해야 할 일이나 숙제하기를 거부하는 것이다. 이러한 문제들은 부모님과 자녀 간의 갈등을 정규적으로 야기한다. 실제로 어떤 가정에서는 이런 갈등을 피하기 위해 부모들은 자녀들의 가사 의무를 아예 바라지 않기도 한다. 본질적으로 부모들은 자녀들에게 사소한 집안의 어떠한 일도 하게 할 수 없다고 포기해버린다. 또 다른 가정에서는 부모와 자녀들이 항상 논쟁하며 수시로 TV를 보지 못하게 하는 등의 벌을 준다. 이러한 벌은 효과가 없으며 오히려 부모와 자녀 간의 논쟁을 지속시킬 뿐만 아니라 부모들은 점차적으로 자신들이 어떤 노력을 해도 자녀들이 순응하지 않는다고 느끼게 된다. 따라서 반드시 더 효과적인 방법이 있어야 할 것이다.

방법은 있다. 하지만 여러분은 다른 방식을 취할 필요가 있다. 자녀들이 가정에서의 책임을 수행함으로써 모든 혜택을 얻는 형식을 시행할 필요가 있다. 이런 방식을 행동 계약이라고 한다.

여러분은 아마도 전에 이런 형태의 절차를 시도해봤으나 성공하지 못했을지도 모른다. 실망하지 말라. 타임아웃과 같이, 행동 계약을 계획하는 데는 많은 방법들이 있다. 이 책에서 설명하는 방법들은 까다로운 자녀들을 다루는 데 효과적이므로 계속해서 읽으며 신뢰를 가지기를 바란다. 여러분은 해낼 수 있다.

여러분이 행동 계약을 실행하는 것은 절대적으로 중요하다. 이것은 자녀를 다루는 데 있어서의 문제들을 최소화 하는 가장 효과적인 방법 중 하나이다. 실제로 경험상 행동 계약은 너무나 중요해서, 이런 행동 규칙 없이 부모들이 자녀들과 부딪치는 문제를 수정해 나갈 수는 없다. 게다가 성공적인 행동 계약의 시행은 이 프로그램의 차후 절차들을 수행하는 데 있어 많은 도움을 줄 것이다. 이 프로그램에서 행동 계약을 실천으로 옮기는 데는 시간이 걸리므로 부모님들이 익숙해질 때까지 수행하도록 한다. 이 과정은 대개 2주 정도 걸릴 것이다. 서두르지 마라. 시간을 가지고 수행해야 한다. 보다 나은 계약일수록 이 책에서 다루는 차후의 절차들을 시행하기가 쉬워질 것이다.

행동 계약이란 무엇인가

행동 계약은 여러분 자녀의 행동 ─ 바람직한 행동에 따른 바람직한 결과와 부정적인 행동에 따른 부정적인 결과 또는 최소한 바람직한 결과가 따르지 않는 경우 ─ 에 따른 적절한 결과를 시행하는 원칙을 말한다. 한마디로, 여러분은 적절한 행동에는 보상을, 반대일 경우에는 벌을 줄 것이다. 보상이라는 것을 언급하는 순간 많은 부모들은 반론을 제기하며 내가 부모들로 하여금 자녀들에게 뇌물을 줄 것을 요구한다고 말한다. 꼭 그렇지는 않다.

보상이지 뇌물이 아니다

분명히 뇌물과 보상 간에는 원리적 차이가 있다. 뇌물이란 상대에게 올바르지 않은 행동을 수행하도록 부추기게 하기 위해 무언가를 주는 것이다. 예를 들어, 정치가들은 어떤 일에 있어 무언가를 도와주기로 약속하고 뇌물을 받으며, 회사의 간부들은 개개인의 특별한 부탁을 들어 주기로 하고 뇌물을 받는 것과 같은 것 등이다. 여러분이 아는 바와 같이 이런 행위들은 옳지 않은 것이며, 뇌물을 받는 사람은 하지 않아야 하는 원칙을 어김으로써 그에 대응하는 대가를 지불받는 것이다.

　반면, 보상이란 적절하게 필요하며, 동시에 시간과 노력을 요구하는 임무를 수행한 사람이 받는, 그에 따른 바람직한 결과를 말한다. 예를 들어, 능력 있는 학생이 좋은 성적이나 추천서 또는 면허증 등으로 보상 받는 것과 같은 것이다. 보상은 사람을 기분 좋게 만들며, 성취감을 느끼게 한다.

어떤 사람들에게는 성취감만으로도 충분한 보상이 된다. 그러나 자녀들에게 이것을 현실적으로 기대하기는 어렵다. 첫째, 대부분의 어른들은 단지 어려운 일을 수행함으로써 기분이 좋을 수 있지만, 아동들은 매우 소수만이 이런 종류의 성숙한 행동을 보인다. 둘째는, 통제능력이 부족한 아동들은 노력과 시간을 요하면서 재미없는 일을 하기 원하지 않는다. 이런 아동들이 단지 성취감을 얻기 위해 (또는 그 일이 옳은 일이기 때문에) 그런 일을 원하게 하도록 기대하는 것은 현실적이지 않다.

심지어 어른들도 일상적으로 보상을 기대한다. 사람들이 만약 월급을 받지 않는다면 매일 일하러 갈까? 물론 아니다. 단지 일을 수행함에 대한 대가를 받는다고 해서 이것이 뇌물을 받고 있다는 것을 의미하는가? 다시 말하지만 대답은 명백히 아니다. 실제로 여러분이 우리의 일상을 주의 깊게 관찰해본다면, 우리가 하는 것의 대부분은 어떤 종류의 보상을 기대하기 때문이라는 것을 발견할 수 있을 것이다.

대부분의 보상은 돈과 연관된 것이 아니다

대부분의 부모들에게 자녀에 대한 보상을 제시하면, 자녀들에게 물건 등을 사 주라는 것으로 잘못 생각하는 경우가 많다. 간혹 금전적인 (작은 장난감이나 용돈과 같은) 제한된 종류의 보상이 행동 계약에 포함되기는 하나, 기본 계약에는 어떤 종류의 경비도 없이 설정되어야 한다. 다시 말해, 보상은 자녀에게 무엇을 사 주는 것이 아니라, 돈을 들이지 않고 여러분의 일상에서 가능한 종류의 보상을 하는 것이다. 이것은 여러분의 자녀가 어떤 특정 행동을 함에 있어 가정 내에서 특권을 얻는 형식으로 교환하는 것을 말한다.

준비

먼저, 장난감 가게에서 포커 칩 상자를 준비하라. 칩은 비싸지 않다. 한 상자당 1달러 또는 2달러 정도이다. 포커 칩 대신, 다른 종류의 칩, 예를 들어 보드 칩을 포함하여 빙고 마커 등도 사용할 수 있지만 포커 칩이 가장 좋다. 그 이유는 포커 칩은 크고 만질 수 있는 유형 자산이며, 자녀들이 중요하게 느낄 수 있기 때문이다. 또한 얼마나 가지고 있는지 쉽게 관리할 수 있고, 쉽게 잃어버리지 않는 장점이 있다.

아주 어린 자녀에게는 양에 대한 개념이 충분히 발달하지 않아서 칩이 별 의미가 없을 수도 있다. 게다가 세 살, 네 살 정도의 자녀들은 칩으로 유형 자산과의 교환이 가능하다는 생각에 대한 이해가 충분하지 않기 때문에 아예 칩에 대한 가치를 전혀 이해하지 못할 수도 있다. 이런 경우, 스티커 북을 준비해서 (자녀와 함께 상점에 가서 자녀가 정말 좋아하는 스티커를 구입할 수 있도록 하여) 스티커를 붙일 수 있는 스티커 북으로 시작하게 한다. 매일 하루에 한 쪽씩만 사용하여 자녀가 하루에 얼마나 많은 스티커를 모았는지 기록해보도록 한다.

책임 목록

다음은, 여러분의 자녀가 수행하기를 원하는 책임들의 목록을 만들어 보도록 한다. 먼저 여러분 혼자서 목록을 적어 본다. 날마다 해야 되는 책임들만으로 시작하는 것이 중요하다. 이틀 사흘에 한 번이나 일주일에 한 번 해야 하는 책임들은 차후에 다룰 것이다.

날마다 해야 되는 일에는 어떤 일들이 포함될까? 이것은 전적으로 여러분에게 달려 있다. 그러나 여기 몇 가지 제안을 하겠다. 적게는 다섯 가지 또는 여섯 가지 목록 이내로 시작하고, 자녀의 일상―예를 들어 아침에 깨울 때 두 번 이내에 침대에서 일어나기, 혼자 옷 입기, 옷 입히는 동안 방안에 가만히 있기, 매일 일정 시간에 아침식사 하러 내려오기, 제때에 학교 버스 타러 집에서 나가기, 손 씻기나 이 닦기 등을 반복해서 말하지 않아도 스스로 하기 (예를 들어 식사 전후나 아침 또는 취침 전에) 등―들로만 시작하도록 한다. 목록에 있는 각 임무는 한 가지의 특정 행위를 말하는 것이다.

학교 성적이나 숙제는 포함하지 말도록 한다. 그것은 다음 단계에서 다룰 것이다. 여러분의 자녀가 하지 않기를 원하는 것들, 예를 들어 형이나 동생과 싸우지 말라든지 누나나 여동생을 때리지 말라 등은 목록에 넣지 말도록 한다. 이러한 문제들은 나중에 추가될 것이다. 방을 깨끗이 하라 등과 같은 것도 포함하지 말도록 한다. 왜냐하면, 부모와 자녀의 깨끗하다는 단어에 대한 정의는 다를 것이기 때문이다. 의미가 모호하든지 부모와 자녀 간에 다른 해석을 야기할 수 있는 어떤 항목도 포함하지 말도록 한다. 만일 방을 깨끗이 하라는 것과 같은 항목을 추가하려면 좀 더 구체적으로 나눠서, 이불 개기, 아무것도 바닥에 놓지 않기, 모든 옷은 옷장에 넣기, 모든 빨랫감은 빨래통에 넣기, 모든 책은 책꽂이에 꽂기 등과 같이 세분화 해야 한다. 목록에 있는 각 항목은 한 가지의 특정 행위여야 함을 반드시 기억하도록 한다. 각 행위에 대해 아주 정확히 규정해서 부모가 원하는 대로 자녀들이 명백히 이해하고 질문의 여지가 없도록 한다. 책임 의무는 간단하고 쉽게 확인할 수 있는 방법을 사용하도록 한다. 그렇게 하면 자녀와의 논쟁을 확실히 줄일 수 있을 것이다.

목록 작성에 있어 꼭 자녀의 나이에 걸맞는 사항들을 넣도록 신경 써야 한다. 유아들은 아직 글을 읽지 못하므로 날마다 자녀에게 각 항목들을 읽어줘야 한다. 또한 목록은 아주 간략하고 자녀가 할 수 있는 일이어야 한다.

일단 목록을 만들었으면, 이제는 각 항목에 대한 가치(칩이나 스티커)를 정해야 한다. 먼저, 목록에서 쉬운 항목들—최소한의 시간과 노력을 요하는—부터 칩 한 개씩으로 가치를 정한다. 그 이후, 시간과 노력을 요하는 정도에 따라 한 개의 칩 항목들과 비교해서 다른 항목들의 가치를 산출해 정한다. 또한 자녀들이 하기를 가장 꺼려하는 항목들에 최대 가치를 배정해준다. 어떤 항목들이 부모와 자녀 간에 가장 많은 갈등을 야기하는지 살펴보고, 그에 따른 적절한 가치를 배정해준다.

자녀와 함께 이야기할 시간을 가지며, 내일부터 집에서 새로운 체계의 방식을 시행할 것이라는 것을 설명해주도록 한다. 또한 부모가 보기에 자녀들이 매일 하기를 원하는 어떤 책임 항목들을 줄 것이라고 말하고, 그것을 이행했을 때 그에 대한 보상이 있다는 것을 인지시켜 주어야 한다. 자녀는 "어떤 보상?" 하고 의심의 여지없이 물을 것이다. 이 시점에서, 자녀가 어떤 종류의 보상을 받기를 원하는지 물어보고 보상 목록을 만들어 적도록 한다. 자녀들이 목록에 적절하지 않은 보상을 넣은 것에 대해서 비난하지 마라. 결국은, 자녀가 원하는 보상을 목록에 넣었다고 해서 꼭 해줘야 하는 것은 아니다. 그러나 여러분의 자녀로 하여금 새로운 프로그램에 아동의 의견을 반영했다는 느낌이 들도록 하고, 최소한 여러분은 자녀가 원하는 것을 고려하도록 해야 한다.

권한/보상의 목록

다음으로 자녀가 원하는 보상 목록에서 적절하다고 판단하는 사항을 수용하고, 자녀와 함께 추가할 보상 사항을 만든다. 일차적으로 권한을 보상에 추가한다. 예를 들어, TV 보기, 비디오게임 하기, 컴퓨터 사용하기, 자전거 타기, 친구 초대하기, 수면시간 연장, 비디오 빌려보기, 백화점의 비디오 가게 가기 등이다. 이러한 권한은 한꺼번에, 하루에 걸쳐 다 주어서는 안 되고, 미리 한도를 정하여 짧은 시간으로 나눠 준다. 예를 들면, 한 번에 TV 보기는 30분으로, 컴퓨터와 비디오게임 하기 등은 15분으로, 자전거 타기 및 바깥에서 놀기 등은 1시간 정도로, 추가 수면시간 15분 얻기 등이다.

여러분의 자녀는 의심의 여지없이 어느 정도의 지출을 요하는 항목들을 제시할 것이다. 이것을 다루는 몇 가지 방법이 있다. 그중 한 가지 방법은, 목록 중 보상의 하나로 복주머니에서 한 가지 물건을 꺼내오게 하는 것이다. 이것을 하는 가장 좋은 방법은 자녀를 장난감 가게나 달러 스토어 같은 곳에 데리고 가서, 자녀로 하여금 2달러 미만의 물건들을 10~15가지 정도 고르게 한다. 그런 다음, 고른 장난감을 복주머니 안에 넣고 주기적으로 장난감을 골라 올 수 있게 하는 것이다. 하루에 한 가지, 일주일에 3~4개 정도가 적당하다.

자녀가 적은 항목 중에 좀 더 비싼 물건에 대해서는 자녀가 좀 더 장기적으로 칩을 모아, 비디오게임과 같은 비싼 물건을 보상받을 수 있게 하는 것이다. 칩 한 개에 25센트 정도의 가치를 주고, 자녀가 주어진 시간 내에 충분한 교환가의 칩을 모으면, 게임 칩을 얻을 수 있다고 말해준다. 교환을 조절하는 사람은 바로 부모라는 것을 명심하도록 한다. 그러므로 자녀가 소유하기에 너무 비싼 물건을 부모에게 요청하지 않도록 조절해야 한다. 시작부터 여러분이 기꺼이 동의할 항목(그리고 그에 합당한 책정가)으로 시작하는 것이 중요하다. 행동 계약을 시행한 후 다시 교환가격을 어떻게 할지 등을 책정하는 것은 삼가도록 한다. 여러분의 자녀가 전체 프로그램에 대한 신뢰를 잃지 않게 해야 하며 부모가 계약을 그만둘 것이라는 느낌을 자녀가 가지게 해서는 안 된다. 또한 어떤 보상이 좋은지 먼저 정하여 자녀에게 보상하며, 또 기꺼이 보상을 줄 수 있는 항목만을 자녀에게 허용하도록 한다.

보상 교환의 규칙을 정할 때(예로 칩 몇 개를 하루에 벌 수 있는지, 또한 하루에 몇 개를 소비할 수 있는지) 어느 정도의 여분을 두도록 한다. 다시 말해서, 자녀가 일상에서의 특권(TV보기, 비디오게임 하기, 컴퓨터 하기 등의 허용 시간을 포함해서)을 사기 위해 보통 소비하는 양보다 자녀로 하여금 하루에 15~25% 정도 더 얻을 수 있도록 허용하는 것이다. 이렇게 하면, 자녀로 하여금 좀 더 큰 목표에 도달하기 위한 칩을 모으도록 동기를 부여할 수가 있다.

행동 계약의 한 예를 다음에 살펴보도록 한다.

책임 조항

깨우면 두 번 이내에 즉각 일어나기	칩 2개
혼자 옷 입기	칩 1개
옷 완전히 다 입을 때까지 방안에서 있기	칩 1개
아침식사 하러 7시 15분까지 내려오기	칩 1개
스쿨버스 타러 7시 45분까지 집 밖으로 나가기	칩 2개
침대 정리	칩 2개
식사 전 스스로 손 씻기	매회 칩 1개
아침, 저녁으로 이 닦기	각각 칩 2개

보상

TV 보기(30분당)	칩 1개
비디오게임(15분당)	칩 1개
밖에 나가 놀기(1시간당)	칩 1개
취침 시간 15분 늘리기	칩 1개
복주머니 열러 가기	칩 6개
비디오 빌려 보기	칩 10개
20달러짜리 게임 칩 사기	칩 50개

계약의 시작

먼저 프로그램을 시행할 날짜를 정하고, 당일 아침부터 효력을 발휘하게 한다. 월요일에 시작하는 것이 가장 좋다. 주말에는 책임과 보상의 목록을 만들고, 복주머니를 열 수 있는 날로 정하면 가장 좋다. 이것은 또한 자녀로 하여금 한 주의 시작을 새로운 느낌으로 출발하게 할 수 있다. 여러분의 자녀에게 이것은 새로운 경험이므로, 비교적 조용하고, 친척들의 방문이 많지 않으며 또한 가정의 일상에 별다른 방해를 받지 않는 주를 택하도록 한다.

칩은 여러분의 자녀가 가지고 있게 한다. 매번 책임 목록에 있는 사항을 수행할 때마다, 그때그때 즉시 주어야 할 만큼의 칩을 주고, 자녀가 보상 목록에 올라 있는 사항을 하기 원할 때도, 그것을 얻기 위해 칩을 바로 지불하도록 해야 한다.

일단 프로그램을 시작하면, 양쪽 목록에 있는 매 항목들을 잘 관찰하도록 한다. 자녀가 원하는 행동을 수행할 때마다 잘 관찰하고, 자녀에게 상응하는 칩을 주어야 한다. 기억할 것은, 계약이 마무리 될 때까지 여러분이 지키지 않으면 자녀는 신뢰감을 잃을 것이다. 또한 자녀에게 "나중에 칩을 줄게"라고 하지 마라. 그때그때 바로 주도록 한다. 즉각적인 결과를 줄 때 가장 효과적이라는 것을 잊지 말아야 한다. 칩은 바람직한 행위에 대한 좋은 결과를 의미한다. 여러분의 자녀를 가르치는데 있어 칩을 즉시 줄 때 극대 효과가 나타난다.

이제 자녀의 방에서 행해져야 할 일들의 목록을 정했다면(예를 들어, 바닥에 아무것도 늘어놓지 않기, 침대 정리, 빨래통에 빨랫감 넣기 등), 자녀의 방을 점검하는 일정한 시간을 정하고 각 실천 사항들이 수행될 때마다 칩을 주도록 한다. 자녀로 하여금 할 일을 언제 해야 하는지 꼭 알게 하고, 날마다 같은 시간에 하도록 한다. 매일 점검하는 시간도 일정하게 정하고, 최대한 시간을 지키도록 노력한다. 자녀의 일상을 예측할 수 있으면 더욱 자녀가 가지고 있는 문제들을 관리하기가 쉬울 것이다.

마찬가지로, 자녀들도 보상 목록에 있는 항목을 얻으려면, 즉시 칩을 지불하도록 하게 한다. 칩을 가져오기 전에는 보상 목록에 있는 사항을 할 수 없도록 제한해야 한다. 만일 자녀가 항의하고 분노 반응을 보인다면 앞장의 방법을 사용하되 프로그램을 계속 이행하도록 한다.

자녀가 계약 사항을 시행하기 전에 칩을 미리 주어서는 안 된다. 아직 칩을 얻지 않았는데 보상을 얻으려 할 때야말로, 자녀에게 좋은 결과—보상의 경우—는 좋은 행동을 실천한 경우에만 얻어질 수 있다는 것을 가르쳐주는 아주 좋은 기회가 되는 것이다. 예를 들어, 자녀가 밖에 나가기를 원하는데 아직 해야 할 일들을 하지 않았을 때, 해야 할 일을 함으로써 밖에 나가는 데 필요한 칩을 벌 수 있다는 것을 여러분이 자녀에게 알려 줄 수 있는 절호의 기회이다. 전에 칩을 벌어 두었는데 지금 당장 찾을 수 없을 때도 논쟁의 여지를 주어서는 안 된다. 이것을 준수함으로써, 자녀로 하여금 이 프로그램을 따르는 것이 얼마나 진지한 일인지를 명확히 전달해 줄 것이다. 또한 이로써 필요할 때 자신의 물건이 어디에 있는지 알 수 있고, 정리 정돈하는 능력을 개선하도록 부모가 자녀를 격려할 수 있다.

때로는 자녀가 모든 칩을 다 써 버렸거나, 더 이상의 칩을 벌 수 있는 기회가 없는 날도 있을 것이다. 앞에서 말했듯이, 대부분의 칩은 아침에 획득할 수가 있다. 만일 자녀가 아침에 지켜야 할 규칙을 어겨서 아무 칩도 받지 못했다면, 이제는 손을 씻는다든지 양치질을 하는 것으로 제한된 양의 칩만을 벌 수 있게 된다.

이런 경우, 다음 두 가지 중 한 가지를 할 수 있다. 먼저 계약을 준수함으로써 다음 날 아침까지 아무것도 할 수 없도록 제한하거나, 자녀에게 칩을 얻을 수 있도록 일거리를 주는 것이다. 그러나 만일 후자를 선택한다면, 간헐적으로만 시행해야 한다. 기억해야 할 것은, 자신이 원하는 것을 할 수 있도록 부모가 일거리를 주어서 칩을 얻도록 조정해 줄 수 있음을 자녀가 기대할 수 있다는 것이다. 자녀로 하여금 해야 할 일을 수행하게 하고, 그렇지 않을 경우 자신이 하고자 하는 일이 제한될 것이라는 것을 배우도록 해야 한다. 자녀에게 이 점을 명확히 전달해야 한다.

때때로 부모들이 불평하기를 자녀들의 활동을 제한하는 벌을 주어도 자녀들은 전혀 상관하지 않는 것이 힘들다고 말한다. 이런 부모들은 부모가 자녀에게 내리는 결과(좋든 나쁘든)에 대해 자녀들이 상관하지 않는다고 느낀다. 그러나 이는 잘못된 생각이다. 벌이나 행동 제한을 받은 후 자녀들이 "신경 안 써요" 하고 말할 때, 부모들은 지나치게 곧이곧대로 듣는다. 그러나 자녀들은 벌을 받거나 하고 싶은 것이 제한되는 것을 좋아하지 않는다. 자녀들은 하고 싶은 것을 할 수 있는 상황을 좋아한다. 그러나 자녀들은 이런 것들을 자신들이 신경쓰고 있음을 부모가 알기를 원하지 않는다. 자녀들은 때때로 부모와 힘겨루기를 한다. 자녀들은 스스로 의사결정을 하고 자신의 삶을 통제하고 싶다고 말하고 부모님이 통제력을 잃었다고 말한다. 그러나 부모의 제한이 그에게 합당하다고 느낀다면, 부모의 통제를 쉽게 받아들일 것이다. 하지만 자녀의 입장에서 가장 큰 관심사는 부모가 내린 결과가 사실상 효과적이라는 것을 시인하지 않는 것이다. "관심 없어"라고 말함으로써 결과가 이미 내려졌음에도 불구하고 부모가 자신을 통제할 수 없다는 것을 말하려는 것이다. 그러므로 이런 말들을 곧이듣지 말라. 일관되게 나가도록 한다. 하루나 이틀(또는 사흘) 정도 통제된 후에는 가장 통제하기 어려운 아이라도 그런 방식으로 사는 것이 더 이상 재미있지 않다는 것을 알고 부모의 방식을 따르기 시작할 것이다. 그러나 만일 자녀가 몇 주 동안 TV, 컴퓨터, 전화나 장난감 없이 방에서 잘 지낸다면 정말 우울증에 빠져 있을지도 모르므로, 빠른 시일 내에 도움을 요청해야 한다.

누가 책임자인가

행동 계약에 따른 몇 가지 최종 제안으로 아주 중요한 사항은, 할 일을 점검하고, 칩을 주고, 자녀가 권한을 얻었을 때 그것을 허락하는 사람은 바로 부모뿐이라는 것이다. 우리 형제들이 대신해서는 안 된다. 전체 프로그램을 통해 권장하는 것은 자녀의 하루 일과를 정해줄 뿐 아니라 부모로 하여금 자녀의 결과를 통제하는 사람이 되게 한다. 이 권한을 다른 사람, 특히 형제에게 위임하지 말도록 한다.

자녀를 돌보는 사람이 베이비시터나 대가족의 구성원이라면, 당신이 실시하는 프로그램에 개입하지 않게 하는 것이 좋다. 이후에 계약 확장에서 이런 부분은 수정할 수가 있다. 부모는 자녀를 관찰하고 보상을 주며 보상을 살 수도 있도록 해야 한다. 부모가 일을 하러 나가게 되어 베이비시터가 자녀를 관찰한다면, 일을 하러 나가기 전에 자녀들에게 허락할 것이 무엇인지에 관하여 적합한 지시를 주어 자녀가 보상을 받을 수 있게 한다.

용돈으로 보상하는 것은 어떻게 할 것인가

부모가 보기에 돈으로 보상을 주기에 충분한 나이라면, 프로그램을 실시하면서 시행해보는 것도 좋다. 각 칩은 25~50센트 정도 수준에서 칩과 교환이 가능하다. 교환을 함에 있어서 어느 정도까지는 제한을 두어야 한다. 매주 같은 날에 칩과 돈을 교환해 줄 것임을 자녀에게 알려주고 그날만 교환할 수 있음을 명시하도록 한다. 이러한 경험들을 통하여 자녀는 자신의 소비 습관을 계획하는 법과 돈을 관리하는 방법도 배우게 될 것이다.

형제 관계에서는 어떻게 할 것인가

집에 형제자매가 있는 경우에는 이 프로그램을 형제자매 모두에게 실시하는 것도 효과적일 수가 있다. 각 자녀의 나이에 적합한 일을 목록에 적어 두도록 한다. 이것은 당신이 전체 가족의 일을 구조화하고 집에서 무엇을 누가 해야 하는지를 구조화하는 데 도움이 될 수 있다. 자녀에게 각각 다른 색깔의 칩을 사용하도록 한다. 그렇지 않다면 자녀끼리 칩을 서로 훔칠 수도 있고 부모가 자녀와 칩을 교환함에 있어 끊임없는 불만을 들을 수도 있다.

또한 계약서에 작은 일들을 적을 때 중요하게 생각해야 할 점이 있다. 첫 번째로 자녀가 일상에서 할 수 있는 간단하고 작은 일들로 시작한다. 추가적으로 각 자녀에게 부가되는 작은 일들은 다른 자녀들의 일과 겹치게 해서는 안 됨을 명심해야 한다. 예를 들어, 한 자녀는 테이블 치우기를 하고, 또 다른 자녀는 설거지를 하고, 다른 자녀는 그릇을 말리도록 하는 식을 말한다. 순서에 따라 무엇인가가 잘못되면 어떻게 할까? 어떤 자녀가 식탁 청소하기를 거부한다면 어떻게 할까? 그러면 다른 자녀들이 식탁 청소를 하지 않은 자녀의 일을 대신하거나 청소하지 않은 사람이 칩을 받지 못하는 것이다. 또한 한 사람이 설거지와 같이 전체 일들을 한 번에 하게 하고 돌아가면서 일을 바꾸게 하는 것이 좋다. 계약 확장에 대한 부분은 6단계에서 살펴보도록 하겠다.

어린 아동과 청소년들에게 적용하는 방법

행동 계약 과정이 모든 어린이들에게 효과적이긴 하나, 아주 어린 아동이나 청소년에게는 수정하여 적용하는 것이 더욱 나을 수 있다. 전에 언급했듯이, 아주 어린 아동은 칩 대신에 스티커에 좋은 반응을 보인다. 스티커 개수에 따라 자녀에게 특정 권한, 예를 들어 TV쇼를 본다거나 비디오를 빌리게 한다. 역으로 청소년에게는 나이에 걸맞는 보상, 예를 들어 전화나 TV, 비디오, DVD 사용, 친구 초대 또는 쇼핑몰을 가거나 친구 집을 방문하는 등의 권한을 주는 것이다. 각 목록에 대한 각각의 보상은 항상 같은 가격을 가지고 있도록 한다. 또한 더 큰 청소년들에게는 칩을 사용하지 않아도 될 것이다. 대신, 각각이 수행되었을 때마다 일대일 권한으로 교환할 수 있다. 예를 들어 십대 청소년들은 방에서 해야 할 모든 일들을 수행했을 때만 전화를 사용할 수 있게 하는 식이다.

적용

칩(스티커)을 준비하고, 목록을 만들고 계약을 시행하되 항상 일관되게 지키도록 한다. 원하는 행동이 수행되면, 매번 칩을 주고, 자녀가 권한이나 보상을 얻고자 할 때마다 칩을 주는 것을 명심하도록 한다. 칩을 주고받는 것이 계약을 성공시키는 하나의 준비이다.

만일 자녀가 행동을 잘못하였으나 목록에 있는 일을 수행하였다면 어쨌든 칩을 주도록 한다. 일을 해서 얻은 보상을 뺏는 식으로 벌을 주어서는 안 된다. 다시 말해서, 이 과정 동안 어느 칩도 뺏지 말아야 한다. 자녀의 환경을 일정하고 예측할 수 있게 만들어서 자녀로 하여금 무엇을 기대할 수 있도록 한다. 지금은 계약을 지키지 않은 것에 대한 결과를 보여주도록 한다. 예를 들어, 여러분은 하루 정도 자녀가 TV를 보는 것을 제한할 수 있다. 하지만 자녀가 목록에 있는 다른 종류의 권한을 얻기 위한 칩은 사용할 수 있도록 한다.

그리고 마지막으로 책임 항목에 있는 각 일들을 수행할 때마다 자녀를 칭찬한다. 보상을 주는 것만으로는 충분하지 않다. 자녀들은 자기가 하는 것에 대해서 부모가 좋아하고 자녀들이 책임감 있게 수행하였다는 말을 듣고 싶어 한다. 칭찬하는 예에 대한 것은 이 장의 앞에 언급했으니 참고하도록 한다.

Checklist 4A

: 체크리스트 4A

단계 4 : 행동 계약 시행

과정

1. 준비

- 어린 자녀에게는 스티커를 준비하도록 한다. 만약 한 자녀 이상과 계약을 한다면, 각 자녀의 칩은 다른 색으로 준비한다.

- 먼저 매일 여러분의 자녀가 해야 할 일들로 책임 목록을 만든다. 처음에는 일주일에 한 번씩 하는 일이나 어쩌다 한 번씩 해야 하는 일들을 포함시키지 않도록 한다. 작게 시작하도록 한다. 처음에는 가장 잘 하는, 일상의 일들이나 스케줄로 이루어지도록 한다. 예를 들면, 아래와 같다.

  - 깨울 때 두 번 안에 일어나기
  - 옷 입기가 끝날 때까지 방에 있기
  - 매일 특정 시간까지 집에서 나가기
  - 이 닦거나 손 씻기(식사 전이나 후)
  - 자신의 침대를 정리하기

- 여러분이 자녀가 하지 않기를 원하는 행동(예를 들어, 형제끼리 싸우는 일)은 포함하지 않도록 한다. 시작할 때, 책임 목록에 있는 일들은 간단 명료하고 쉽게 체크되고 강화될 수 있는 일들이어야 한다.
- 자녀에게 스스로 원하는 보상 목록을 만들게 한다. 목록에 적절하지 않은 것을 넣었다고 비판하지 않도록 한다. 결국 자녀가 적은 목록을 여러분이 다 동의할 필요는 없기 때문이다.
- 보상으로 권한을 이용하게 한다. 예를 들면 다음과 같다.
  - 15분간 비디오게임이나 컴퓨터 하기
  - 30분 동안 TV 보기
  - 1시간 동안 자전거 타기
  - 잠자는 시간 15분 늘리기
  - 비디오 빌리기
- 비싸지 않은 물건을 복주머니에 포함하도록 한다. 한 번에 물건 한 개씩만을 칩으로 바꿀 수 있게 한다. 이때 자녀와 함께 가서 자녀로 하여금 물건을 고를 수 있도록 도와준다.
- 교환 비율을 정할 때 아이가 하루에 쓸 수 있는 것보다 조금 더 칩을 얻을 수 있게 한다.

2. 계약 실시
- 자녀가 자신의 칩을 가지고 관리하게 한다(자기 방에 통을 둔다).
- 자녀는 의무를 잘 수행하였을 때 칩을 얻을 것이며 가정에서 작은 특권을 얻기 위해 자신의 칩을 사용해야 한다.
- 부모만이 칩을 줄 수 있는 권한과 보상을 위한 칩을 교환하게 할 수 있다.

- 잘못된 행동을 했으나 여전히 일을 수행했다면, 어쨌든 칩을 주도록 한다. 결과를 어긴 것에 대해서는 다른 결과를 주도록 한다. 금방 얻은 칩을 다시 빼앗지 말도록 한다.

이 장을 수행하는 동안에는 칩을 빼앗는 벌을 주지 않는 것을 명심하도록 한다. 오직 보상만 하도록 한다.

Checklist 4B

: 체크리스트 4B

책임 목록

이름 : _____

책임감	총계

Checklist 4C

: 체크리스트 4C

권한/보상 목록

이름 : _____

권한/보상	총계

5단계-숙제와 관련된 문제 해결

Step 5 – Address Homework-Related Problems

주목해야 할 점 : 자녀가 아직 학교에 가지 않거나 방학을 했다면, 이 장은 건너뛸 수 있다. 그러나 자녀가 학교에 다니기 시작했거나 방학이 끝나 학교에 다시 갈 때 이 단계로 돌아오도록 한다.

행동 계약을 시행하는 가장 큰 이유 중 하나는 자녀로 하여금 바람직한 행동을 하게 함으로써 긍정적인 결과를 얻을 수 있다는 것과 노력한 만큼 결과에 따라 보상을 받는다는 것을 알게 해주는 것이다. 계약이 시행됨으로써 자녀의 행동 문제들은 줄어들 것이다. 때때로 자녀들은 어떤 것들은 하지 않으려 할 것이지만 여러분은 지속적으로 적절한 결과를 주도록 한다. 시간이 지남에 따라 자녀는 자신의 행동 결과에 대해서 생각하게 될 것이다. 이때가 바로 이러한 계약 방법을 다른 문제점들에 적용해 볼 때이다. 이 책의 후반에서는 중요한 수단으로 계약 방법을 적용 변형하여 여러 가지 문제점들에 응용해 볼 것이다.

숙제와 관련된 문제들은 여러 가지 형태로 보여진다. 어떤 아동들은 앉아서 숙제하기를 거부한다. 또 어떤 아동들은 숙제를 지속적으로 하지 못해 숙제를 끝내는 데 시간이 걸린다. 어떤 아동들은 계속해서 도움을 요청하고 자신의 숙제를 스스로 하려고 하지 못한다. 또 어떤 아동들은 책, 노트, 숙제에 필요한 도구들을 잘 잃어버린다. 이외에도 선생님이 내주셨고 끝내야 되는데도 불구하고 숙제가 없다고 부모에게 지속적으로 거짓말을 한다. 많은 아동들은 이런 문제들을 중복해서 가지고 있다. 이 장에서는 이런 모든 문제들을 어떻게 해결해야 할지에 대해서 논의해보겠다.

숙제를 할 수 있는 환경 설정

효과적으로 숙제를 끝낼 수 있게 하기 위해서는 가정환경 조성이 중요하다. 먼저 자녀가 숙제를 하기에 가장 적당한 집안의 장소를 선택하도록 한다. 장소는 방해 받지 않고 충분히 부모와 가까운 곳이어서 자녀가 숙제를 하는 동안 무엇을 하는지 모니터 할 수 있는 곳이어야 한다. 조용하지만 동떨어져 있지 않은 곳이어야 한다. 적당한 곳으로는 부엌 식탁이나(음식을 준비하는 시간이 아니라면) 거실 또는 자녀 방에 있는 책상(TV나 비디오게임과 같은 큰 방해 요소가 없는 한) 등이 좋은 장소의 예이다.

TV에 대해서 말하자면, 숙제를 하는 장소는 다른 가족들이 보는 TV

화면과 소리가 들리지 않는 곳이어야 한다. 부모는 TV를 끌 수도 있다. 하지만 어떤 자녀들은 너무 조용하고 자극이 전혀 없는 환경에서는 오히려 숙제하기를 매우 힘들어 한다. 이런 자녀들은 제한된 어느 정도의 활동을 하면서 숙제를 하게 할 수도 있다. 때때로 자녀로 하여금 TV 화면을 보되 소리는 *끄거나* 숙제하는 장소에 라디오를 틀어 놓는 것도 좋은 방법이다. 여러분 스스로가 어떤 방법이 자녀와 잘 맞는지를 시험해 보는 것도 좋다. 추가로 숙제하는 장소는 전화가 있는 곳이나 형제들이 놀고 있는 곳과는 떨어져 있어야 한다.

숙제 시간 정하기

숙제를 하기에 좋은 최적의 시간은 언제인가? 이것은 매우 개인적이다. 자녀의 성격이나 가정의 스케줄, 선호도, 방과 후 활동 등에 의해서 좌우된다. 자녀의 숙제 시간에 따라서 스케줄을 조정할 필요가 있다. 그러나 가능한 숙제 시간을 매일 일정한 시간으로 정해야 한다. 학교에서 돌아온 후 30분 정도와 저녁식사 1시간 전 또는 저녁식사 후 등이 적당하다.

 학교에서 돌아온 후 바로 숙제를 하는 것은 아동에게 효과적이 못하다. 아동들은 학교에서 많은 일을 한 후 피곤함을 느낄 수가 있다. 숙제를 하기 전에 조금의 휴식이 필요하다. 특히 저학년의 경우, 방과 후 시간이 친구들을 볼 수 있는 유일한 시간일 수도 있으므로 학교 활동에 어느 정도 참가한 후 숙제 시간을 잡는 것이 필요하다. 숙제 시간으로 언제가 정해졌든 간에 매일 매일 일정 시간을 유지하도록 노력하는 것이 중요하다. 한 가지 목표는 자녀의 일과를 조직화 하고 하루 일과를 더욱 예측할 수 있게 하는 것이다. 날마다 반복하는 일상은 결과적으로 몸에 익숙하게 되고 자녀들은 그런 반복된 일상을 예측하는 것을 배우게 될 것이다.

어떤 특정 시간에는 잘 활동하지 않는다. 예를 들어, 잠자기 전에 숙제를 하도록 하는 것은 좋은 방법이 아니다. 저녁 시간에는 정신이 낮처럼 예민하지 않아서 집중하기가 훨씬 어렵다. 마찬가지로 학교에 가기 전 아침에 대부분의 가정은 분주한데 등교 준비를 하면서 숙제를 하게 되면 그 숙제로부터 배우는 데 필요한 노력이나 에너지를 쏟지 못하게 된다. 그러나 자녀들에게 선택을 하게 하면 자녀들은 자꾸 숙제하는 시간으로 이런 때를 택한다. 부모로서 여러분이 감독을 잘 할 수 있는 적당한 숙제 시간을 정하도록 도와주어야 한다.

또한 여러분에게 만일 학교에 다니는 자녀가 여러 명 있다면, 자녀들 모두에게 똑같은 시간에 숙제를 하도록 한다. 이러한 방법은 부모에게 좋을 것이고 자녀들을 감독하기가 쉬울 뿐만 아니라 숙제를 할 때 형제들의 방해도 최소화 될 수 있다. 만일 자녀들이 동시에 숙제하도록 시간을 정한다면, 각각의 자녀에게 따로 따로 숙제할 장소를 배정해 떨어져 있도록 해주어야 한다.

숙제 체크리스트와 통지문 만들기

숙제를 둘러싼 다양한 문제들을 성공적으로 해결하는 데는 많은 준비가 필요하다. 더 구체적으로 말하자면, 부모들은 자녀와 선생님을 개입시켜서 날마다 학교로부터 선생님과 대화를 할 수 있도록 해야 한다. 이러한 방법으로 자녀가 매일 해야 하는 숙제의 양을 점검할 수가 있다. 가장 좋은 방법은 날마다 숙제를 적어오는 방식을 시행하는 것이며, 매 수업이 끝날 때마다 선생님께 정확히 적었는지 점검 받는 것이다.

요즘은 대부분의 학교가 숙제를 확인 관리하는 데 있어 학생들을 도와주는 학교 자체의 시스템을 가지고 있다. 어떤 학교는 숙제 통지문을 사용하는데 학생이나 선생님이 매일 적는 것이다. 이것은 대개 노트에 숙제를 매일 적는 것이다. 때로는 통지문 대신 선생님들이 매주 초에 각 학생들에게 종이를 주고 매일 숙제가 있는 과목을 기록하게 한다. 이것은 한곳에 일주일 동안 내주는 모든 숙제를 편리하게 기록하도록 하여 한 번에 빨리 점검할 수 있도록 하는 것이다.

만약 자녀의 학교가 이런 제도들을 도입하지 않았다면, 여러분 자신이 개발해서 시행할 수 있다. 작은 노트를 구입해서 선생님이나 자녀로 하여금 날마다 숙제를 적도록 하는 것이다. 이것은 특히 어린 아이에게 주어서 적어 넣도록 한다. (예는 이 장의 마지막에 있다). 이 종이는 날마다 사용하며, 자녀들이 날마다 적도록 하던지 또는 일주일 단위로 적게 하는 것이다. 일주일 단위의 경우는 매주 월요일에 종이를 주어서 한 주 동안 사용하도록 한다. 매일 하는 것이나 일주일 단위로 하는 것이나 각각 장점과 단점이 있다.

한주 단위로 워크시트를 사용하는 것도 편리하지만, 주중에 잃어버릴 수도 있다. 많은 아동에게 하루 워크시트를 주는 것이 부모에게는 힘든 일이지만 더 효과적일 수가 있다. 특히 자녀가 정리정돈을 잘 못하는 경우라면 그렇다. (왜냐하면 많은 빈 종이가 있어야 하고 아침마다 자녀에게 주는 것을 기억해야만 한다).

부모들에게는 분명 선생님의 도움이 필요할 것이다. 처음에는 이것이 어려운 것처럼 보이지만 내 경험상 대부분의 선생님들은 이 절차를 시행하는 데 기꺼이 도와준다. 결국 자녀에게 숙제 문제가 있다면 선생님들은 이미 여러 방법으로 이런 문제들을 해결하기 위한 시도들을 해보았을 것이다.

선생님들의 선호도에 따라, 선생님 스스로가 저널 또는 숙제 목록에 적어 주었거나 자녀에게 적게 할 것이다. 만일 후자를 선호한다면, 학교 수업이 끝날 때 통지문이나 종이에 선생님이 사인하도록 하여야 하며 그렇지 않으면 전체 절차가 잘 되지 않을 것이다. 만약 자녀에게 여러 명의 선생님들이 있다면, 선생님들은 자신들의 과목에 해당하는 부분에만 사인을 해야 한다. 선생님은 학생의 수업이 끝날 때 그 형식에 사인해야 한다. 만일 그날 학생에게 숙제가 없다면, "숙제 없음" 또는 유사한 말을 적어서 선생님으로 하여금 승인하도록 해야만 한다. 이것은 매우 중요하다. 이렇게 하지 않으면, 숙제가 없다는 자녀의 말이 정말 맞는지 아니면 단순히 적지 않은 것인지 알 수 없을 것이다. 한 가지 더 말하자면, 숙제 종이에 적은 모든 것을 지울 수 없는 펜으로 쓰도록 해야 한다.

숙제 규칙 정하기

일단 집에서의 환경 설정과 시간을 정하고 숙제 저널이나 점검 목록을 선생님과 함께 하기로 결정하였다면, 숙제 절차를 시행할 때 자녀는 매일 모든 유인물, 책, 노트북 등을 가져와야 한다. 그리고 숙제를 시작할 때, 자녀는 당일 선생님의 사인이나 이니셜이 적힌 숙제 종이를 부모에게 보여주어야 한다.

숙제 저널이나 점검 목록에 사인되지 않았거나 숙제를 하기 위해 필요한 책이나 다른 물건들을 가져오지 않았다면 어떻게 할까? 이런 경우 자녀에 의해 숙제 준비가 완전하지 않은 것으로 간주하고 행동 계약의 보상을 받을 수 없게 된다.

숙제하기

첫째, 당신의 자녀가 숙제를 놓고 범주화하도록 해야만 한다. 그러고 나서 한 가지씩 숙제를 할 수 있도록 하고 그 숙제가 끝났을 때, 당신에게 숙제를 마쳤음을 말하게 한다. 부모는 숙제를 체크하도록 한다. 숙제는 모든 것이 완수되었을 때, 즉 읽기 쉽게 올바르게 잘 했을 때를 간주하는 것이다. 그렇다고 너무 까다롭게 살피지 말도록 한다. 선생님들이 충분히 받아들일 정도면 된다. 지나치게 지저분하고 엉망으로 수행하였다면, 다시 하도록 돌려보내야 한다. 자녀가 도움을 요청한다면, 이번 장 후반에 설명되어 있는 방식으로 도와주도록 한다.

숙제를 마쳤을 때, 자녀가 또 다른 것을 하도록 지시하고 한 것을 점검받게 한다. 숙제를 꾸준히 하는 것을 자녀가 잘 못한다면, 숙제한 것에 대해서는 칩과 같은 것으로 보상을 주도록 한다. 그러나 칩을 줄 때에는 처음부터 똑바로 숙제를 수행했을 때이지 다시 수행했을 때를 말하는 것이 아니다.

보상 받기

성공적인 숙제 완성을 하게 되면 긍정적인 보상을 받게 된다는 것을 자녀에게 가르치고 숙제 시간 이후까지 어떤 보상을 주는 것을 제한해야 한다. 비록 이전 단계에서 어떻게 보상을 받을지를 계약했다고 하더라도 추가적으로 숙제를 잘 마치면 칩을 받을 수가 있다. 예를 들어, 자녀가 숙제를 다할 때까지는 비디오를 보거나 TV를 보거나 하는 것에 칩을 사용하도록 허락해서는 안 된다. 즉 이런 방식으로 자녀가 어떤 특권을 사용하는 데 어느 정도의 제한이 있어야 한다. 비록 자녀가 칩을 사용하려고 할지라도 숙제를 마치지 않으면 특권을 사용할 수 없게 해야 한다. 이러한 것은 숙제를 마치는데 동기를 제공할 수 있다. 더욱이, 당신의 자녀가 숙제하는 것을 잊고, 목록에 사인을 하지 않았다면, 자녀가 아무리 예전에 받아놓은 특권이라도 사용할 수 없는 것이다. 예를 들어 자녀가 TV를 보거나 비디오게임을 할 수 없음을 의미하는 것이다. 모든 숙제를 잘 완수한 후에야 제한된 특권을 쓸 수 있다. 또한 이것은 오랜 시간 동안 숙제를 해야 하거나 꾸물거리는 경향이 있는 자녀에게는 동기를 줄 수 있다. 결국, 그들은 숙제를 마칠 때까지 자신이 하고 싶은 것을 못하게 되는 것이다.

도움을 제공하기

자녀가 "이 숙제는 하기 힘들어요"라고 한다면 우선 기초 부족으로 인한 것인지 살펴보도록 한다. 기초 부족의 문제라면 선생님께 이 문제를 알린다. 왜냐하면 자녀는 적합한 수준으로 배우지 못하고 있는 것이기 때문이다. 선생님은 교과과정을 수정하거나 가능한 자녀에게 도움이 되는 숙제를 낼 것이다.

자녀가 숙제에 대한 도움을 청할 때 도움을 주긴 하지만 완전히 숙제를 해주어서는 안 된다. 부모의 관찰 아래 수행하도록 하되 자녀가 하기를 거부한다면, 숙제를 하려고 할 때까지 기다리면서 숙제하라는 지시는 계속 하도록 한다. 그리고 아무렇게나 숙제를 했다면 돌려주고 다시 하게 한다.

적용

이러한 절차는 비록 처음에는 복잡해 보이지만 실제 지시하기는 매우 쉽다. 자녀의 일상적 숙제를 구조화하고 효과적인 숙제 습관을 가질 수 있도록 도울 것이다. 자녀는 점차적으로 그러한 규칙을 내재화할 것이다. 자녀의 동기를 위해서 숙제를 완수할 때까지 보상을 제한하도록 한다. 자녀가 숙제나 워크시트를 잘 수행하지 않으면, 그날의 보상은 받지 못하게 되고 숙제를 빠뜨리지 않기 위해서 더욱더 열심히 해야 할 것이다. 이러한 접근은 자녀의 숙제 수행을 향상시키는 데 효과적이나 일주일 이상 그 절차를 따르지 않는다고 해서 낙담할 필요는 없다. 포기하지 말도록 한다. 비록 자녀가 요구된 모든 숙제를 끝낼 때까지 일주일 동안 TV를 보지 못할 수도 있다. 기억해야 할 것은 당신이 적당한 결과를 주어야 하고 숙제가 매우 중요하다는 메시지를 자녀가 알게끔 해야 한다. 앞서서 당신 스스로 다음 장으로 넘어가기 전에 1~2주 정도 시간을 주도록 한다.

Checklist 5A

⦂ 체크리스트 5A

단계 5 : 숙제와 관련된 문제 해결

절차

1. 숙제를 할 수 있는 환경 설정
   - 자녀가 집중할 수 있는 장소를 선택하도록 한다. 너무 조용하거나 고립되어서는 안 된다. 거실 테이블, 자녀들의 방 책상, 부엌 테이블과 같은 곳이 좋은 장소가 될 수 있다.
   - 장소는 조용해야 한다. 다른 자녀들이 놀이하는 상황에서 분리되며 전화 소리와 TV 소리에 방해 받아서는 안 된다.
   - 때로는 숙제를 하는데 약간의 자극이 필요할 수도 있다. 조용한 음악이 나오는 라디오 채널을 틀어주거나 소리가 꺼져 있지만 TV 화면을 켜두어도 된다.

2. 숙제 시간 정하기
   - 자녀는 매일 같은 시간에 숙제를 하도록 정해준다. 숙제를 하는데 있어 최고의 시간은 집에 도착하여 30분 후나 저녁 먹기 1시간 전

또는 저녁 먹은 후이다.

- 자기 전 또는 학교 가기 전인 아침으로 숙제 시간을 정하지 않도록 한다.
- 집에 형제자매가 많다면, 모든 형제자매가 같은 시간에 숙제를 하도록 한다.

3. 숙제 체크리스트와 통지문을 만들어 시행하기
- 선생님이 주신 숙제 저널이나 체크리스트 만들기
- 자녀가 숙제를 체크리스트에 적게 하고 선생님은 검토하도록 한다.

4. 숙제 규칙 정하기
- 자녀가 숙제 목록을 잊었거나 적절하게 적지 못하였다면, 그날 받아야 할 보상을 받지 못할 것이다.
- 자녀가 체크리스트를 집에 가지고 왔지만, 숙제를 할 때 필요한 책이나 과제물을 잃어버렸다면, 자녀는 그날의 숙제에 대한 보상을 받지 못할 것이다.

5. 숙제하기
- 숙제를 시작할 때, 자녀는 그날의 숙제 체크리스트를 적도록 해야만 한다.
- 자녀가 숙제 시간을 잘 조직화 할 수 있도록 도와야 한다. 체크리스트에 있는 숙제 준비물과 책을 놓도록 한다.

■ 자녀가 한 번에 한 개의 숙제를 하게 하고 다 하고 난 다음에는 부모에게 가지고 와서 점검받게 한다. 그러고 나서 두 번째 숙제를 하도록 한다.

6. 보상 받기

■ 숙제가 끝날 때까지는 아무리 칩이 있을지라도 어느 정도는 특권을 제한해야만 한다. 예를 들어, 비디오게임, TV, 외출, 친구와 놀기, 친구와 전화하기 등이다. 이러한 것 중에서 한두 개를 선택하게 하는 것이 좋다.

■ 숙제를 마치고 난 후에 부모는 그것을 점검하고 자녀는 행동 계약을 통해 자녀가 벌어들인 칩을 가지고 숙제 후에 특권을 살 수가 있다.

7. 도움을 제공하기

■ 자녀가 어떻게 숙제를 마쳐야 할지 모른다고 말할 때 숙제를 도와주도록 한다.

■ 자녀를 위해서 숙제를 대신 해주지는 말아야 한다. 도움이 필요하다면 도와주지만 모든 것을 다 해주는 것이 아니라 부분적으로 도와주고 자녀가 스스로 나머지 것을 하도록 한다.

■ 완성된 숙제를 점검하도록 한다. 자녀가 정확하게 수행하지 않았다면(예를 들어, 대부분이 잘못되었다면) 또는 너무 쉬워서 실수가 많았다면, 다음 숙제를 하기 전에 다시 점검하게 하도록 한다.

Checklist 5B

체크리스트 5B

일상 숙제 체크리스트

이름 : _____

과목	숙제 내용	선생님 사인

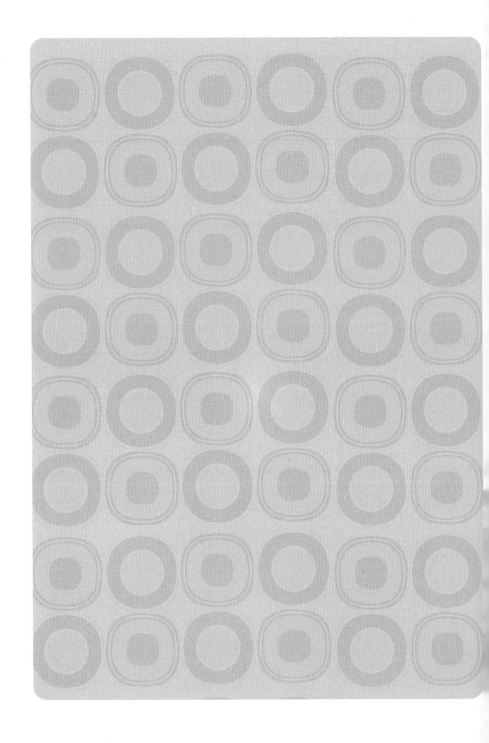

6단계-행동 계약 확장

Step 6 – Expand the Behavioral Contract

4, 5단계를 수행한 후에 자녀와 행동 계약의 결과를 시행해야 한다. 자녀는 문제점을 거의 보이지 않아야만 하고 숙제 수행 능력은 향상되어야 한다. 이제 통제 불가능한 아동의 문제에 관한 행동 계약을 더 확장시킬 때이다.

이 장에서 제안하는 것이 한 번에 모든 것을 시행하는 것을 의미하는 것은 아니다. 이 장에서는 자녀의 문제점을 포함하여 계약을 계속 확장해 나가는 것에 대해서 설명할 것이다. 천천히 계약을 확장하고 항상 당신의 자녀가 새로운 변화에 익숙하게 하기 위하여 약 1~2주 정도의 시간을 주도록 한다.

책임감 목록을 점검하기

자녀의 방 청소, 자녀의 청결 문제 등과 같은 것을 목록에 부모들은 다시 추가할 수가 있다. 또한 일상의 잡다한 일들을 목록에 추가할 수도 있다. 지금까지 매일 기대했던 일상의 일들을 수행할 수 있도록 자녀에게 요구할 수가 있다. 당신은 매일 하지 않아도 되는 일들, 예를 들어 쓰레기 버리기, 대청소하기 등을 추가할 수 있지만 일주일에 1~2번만 하게 할 필요가 있다.

기억해야 할 점은 형제 사이에 집안일을 겹치게 하지 말도록 한다. 대신에, 모든 자녀들이 돌아가면서 일을 하게 하거나 어떤 부분을 돕게 하되 보상은 따로 독립적으로 주도록 한다. 자녀에게 각각의 일에 대한 보상이 무엇이 될지를 정확히 알려주도록 한다.

부모에게 도움이 될 만한 일들을 목록에 추가하기

부모에게 도움이 되는 일들을 목록에 추가할 수도 있다. 이러한 것은 지하나 다락방 청소, 당신의 차 세차, 정원 청소, 가을 낙엽 치우기, 당신의 프로젝트 돕기 등과 같은 것들이 될 수 있다. 일반적으로 이러한 목록은 계약 목록에 있지 않아도 목록에 쓸 때는 일단 자녀에게 알리도록 한다. 항상 부모는 자녀가 그러한 일을 함으로써 얼마나 칩을 벌 수 있을지를 자녀에게 미리 알려주어야만 한다.

일련의 일들을 수행하는 책임감

지금은 책임감을 배우게 하는 데 중요한 시기이다. 자녀에게 일상적인 일 각각에 보상을 주는 대신에 일련의 일들을 잘 수행하고 난 후 보상을 주는 방법을 사용할 수가 있다. 지금까지 자녀들은 침실에 가고, 방을 더럽히지 않고, 더러운 옷을 세탁 바구니에 두는 등의 각각의 일에 따라 보상을 받았다. 이러한 각각의 책임을 함께 묶어서 시행해 볼 수 있다. 즉 모든 일상의 일들을 잘 했을 때 보상을 주는 것이다. 이런 방식은 하루 일과를 잘 마쳤을 때 줄 수 있다.

이러한 것은 일반적으로 일상의 일을 능숙하게 하는 데 도움이 된다. 그러나 이러한 계획을 시행할 때에는 항상 기대하는 것을 자녀에게 정확하게 알려주고 목록에 명시해두어야만 한다. 항상 기억해야 할 점은 당신이 요청한 것을 자녀가 잘 수행했을 때 칭찬을 해야 한다는 것이다. 그가 칩 보상을 얼마나 많이 받든 적게 받든 간에 칭찬을 하는 것이 중요하다.

첫 번째 시도의 순응

'첫 번째 시도'에 대한 지시는 자녀가 더욱더 순종하게 하는 것을 가르치는 좋은 방법이다. Barkley(1997) 절차에 의하면 자녀가 어떠한 것을 반복적 지시 없이 잘 수행하게 추가 칩을 주는 것이다. 우선 자녀에게 매번 이 절차를 수행할 것임에 대해서 공표하도록 한다. 예를 들어, "네가 곧바로 수행한다면, 나는 너에게 어떤 것을 하라고 요청할 것이고 칩을 줄 것이다." 그리고 나서 그에게 어떠한 일을 하도록 한다. 이에 앞서서 이러한 과제는 장난감을 줍기, 테이블 정리를 하기, 식사 시간과 잠자는 시간에 TV를 끄기 등 단순하고 지시적이며 아주 간단한 활동이어야만 한다. 경고 후 여러 번 이러한 방법을 사용한 다음 자녀가 첫 번째 지시에 잘 순응하면 보상을 주는 것에 대해서 더 이상 언급하지 않겠다고 말할 수 있다. 그러나 당신은 그가 첫 지시에 바로 순응하였을 경우 보상을 줄 수 있다. 조심해야 할 점은 일단 당신이 이렇게 말하고 난 후 바람직한 행동에 대해서는 보상을 해야 할 것이다.

시간이 지난 후에 당신은 끊임없는 강화를 줄일 수 있고 간헐적인 스케줄로 전환할 수 있다. 예를 들어, 당신의 자녀에게 적어도 10개의 지시를 한 번에 시도했을 경우 매번 추가 칩을 줄 것이라고 말한다. 이런 방식으로 당신은 점차적으로 자녀가 매번 칩을 기대하지 않고 순응하게 될 것을 가르칠 수 있다. 조심해야 할 것은 너무 빨리 마지막 제안으로 진행하지 않도록 한다. 자녀에 대한 기대가 너무 높으면 시도하는 데 있어 동기를 잃을 수가 있다. 자녀가 첫 번째 시도에 순응하면 칭찬을 하도록 한다. 시간이 지난 후에는 자녀가 칭찬을 듣기 위해 순응하기를 원하지 추가 칩을 받기 위해 순응하는 것을 원하지는 않을 것이다.

보상과 특권을 살피기

지금까지 자녀는 여러 칩을 모았다. 이러한 것은 이 프로그램 계획이 효과적이었음을 의미한다. 때로는 자녀가 많은 칩을 모았을 때 더 많이 모으는 것을 멈출 수 있고 목록의 의무 수행을 거부할 수도 있다. 그렇다고 이 계약을 그만두지 않도록 한다. 이것은 일시적이다. 자녀에게 특권을 사기 위하여 칩을 쓰라고 권유할 수가 있다. 자녀가 많은 칩을 사용하였을 때 다시 칩을 벌고자 하는 것이 동기가 생길 것이다.

더 많은 보상을 추가하기

책임감의 목록을 당신이 추가하였던 것처럼 보상의 목록을 추가하는 것도 중요하다. 자녀에게 장난감, 책, 비디오테이프, DVD, CD와 같은 커다란 양의 칩으로 살 수 있는 것들을 목록에 포함하도록 한다. 자녀를 위한 것을 살 수 있게 해야 한다. 자녀에게 그러한 보상들을 받을 수 있는 기회를 주어야 한다. 마찬가지로 어떠한 활동에 대해서는 추가적인 칩을 사용하게 한다. 예를 들어 자녀에게 칩을 많이 쓸 수 있는 놀이동산을 가게 하거나 비디오게임을 할 때 칩을 쓰게 할 수가 있다.

추가적으로, 늦게까지 있는 파티, 친구의 집에서 머무는 것과 같은 특권을 쓸 수 있도록 격려함으로써 자녀가 받을 수 있는 정규적인 특권을 늘려주도록 한다. 이러한 활동에 대한 가치를 알게 하는 것이 매우 중요하고 가능한 한 합리적으로 보상을 받을 수 있음을 자녀가 느끼게 현실적으로 도와주어야 한다.

저장

자녀가 칩을 가지고 있기만 하고 목록의 특권, 즉 보상을 받으려 하지 않는다면(당신의 책임 목록에 있는 많은 업무 수행을 거부하고), 당신의 보상과 특권 목록이 너무 제한적이 될 수가 있으므로 프로그램에 포함되지 않은 것을 자녀가 수행하게 할 충분한 '자유' 활동을 포함할 수 있다. 목록에 자녀가 좋아하는 일반적인 활동들을 폭넓게 포함하고 있는지 살펴야 한다. 예를 들어, 밖에서 노는 것에 관하여, 자녀가 밖에서 노는 것에 대한 시간사용 칩과 자전거 타기에 대한 칩 모두 사용할 수 있게끔 하는 것이다.

칩을 보유하고 있는 자녀는 그것을 쓰기를 원하지 않을 것이다. 다음과 같은 방법도 유용할 수 있다. 당신은 일주일에 '칩을 다 쓰기'와 같은 방법을 생각해볼 수가 있다. 지금까지 모은 칩을 일주일 동안 다 쓰게 하는 것이다. 주말에 남아 있는 칩의 모든 가치는 유효기간이 끝나게 된다. 이러한 것의 실시는 효과적일 수가 있다. 그러나 너무 자주 시도하지는 말아야 한다. 자녀가 칩을 아끼는 것이 무의미하다는 것을 배우게 되고 이러한 것은 칩을 버는 것에 대한 동기를 잃게 하는 것이 되기도 한다.

동기의 변동

자녀에게 동기가 있기도 하고 없기도 하는 시기가 있을 수 있다. 너무 많은 칩을 벌었거나 많은 칩을 교환하였거나 할 때이다. 또한 결과에도 불구하고 어떠한 것을 하고 싶은데 거절당했을 때이다. 부모가 어떠한 것을 잘못한 것이 아니니 걱정하지 말도록 한다. 속담에서처럼 "아동 또한 사람이다." 그들도 기분을 가지고 있다. 어떤 날에는 자녀가 순응적일 수가 있고 다른 날에는 더 까다로울 수가 있다. 이러한 것에 신경 쓰지 않도록 한다. 프로그램이 일관적인 것이 더욱더 중요하다.

때때로 통제 불가능한 아동은 이 프로그램에 참여하기를 거부한다. 칩으로 특권을 사고 교환하기를 거부하기도 한다. 이러한 상황에서는 자녀의 장난감을 문이 잠겨진 서랍장에 넣도록 한다. 그러고 나면 자녀는 특정한 기간 동안 장난감을 가지고 놀 수 있을 정도의 올바른 행동을 하여 칩을 벌어야 한다. 예를 들어, 30분 동안 장난감 하나를 가지고 놀기 위해서는 한 개의 칩이 있어야 한다. 이럴 경우 1시간에 두 개의 장난감을 가지고 놀기 위해서는 두 개의 칩이 필요한 것이다. 대부분의 자녀들은 이런 철저한 방법을 원하지 않는다. 자녀가 지금까지 당신의 노력에 잘 응하지 않았다고 해서 두려워하지 말도록 한다.

비용

계약을 확장시킬 때 수행하는 또 다른 절차는 칩 비용을 포함하는 것이다. 다시 말해서, 지금 자녀에게 당신이 수정하기를 바라는 어떤 행동에 관하여 칩을 빼앗는 벌을 주는 것이다. 이러한 절차를 시작하기 위해서는 또 다른 목록을 만들 필요가 있고 이것을 ('벌'이 아니라) '비용'이라고 명명할 수 있다. 수행하는 방법은 이 장에서 제공할 것이다. 당신이 벌주기를 원하는 한 가지 행동을 목록화 하여 시작하도록 한다. 이러한 행동 목록에는 저주하거나 나쁜 말을 사용하여 공격성을 표현하기, 잠잘 시간에 자려고 하지 않기, 허락 없이 어떠한 것을 하려고 하는 것 등을 예로 들 수가 있다.

　행동의 정의와 매번 그런 행동이 당신의 자녀에게 일어날 때마다 얼마나 비용이 드는지에 대해 매우 구체적이고 정확하며 명확해야 한다. 당신은 관찰할 행동을 확실히 하도록 한다. 보모 또는 형제가 자녀의 잘못된 행동을 지적하는 것에 대해서 의지하지 말도록 한다. 당신이 그것을 보거나 듣지 못했다면 칩을 빼앗아서는 안 된다.

잘못된 언어 사용

타임아웃까지 할 필요는 없지만 잘못된 언어 사용은 초기 칩 비용에 포함시키면 도움이 된다. 예를 들어 자녀가 욕설로 말할 때마다 다섯 개의 칩을 쓰게 하는 것이다. 자녀가 단 한번의 상황에서 여러 번의 욕설을 한다면 한 번의 벌을 주도록 한다. 그러나 1~2분 후에 또 한다면 그에게 또 다른 칩의 벌을 주도록 한다. 이러한 것을 실시할 때는 당신이 수정하기를 원하는 모든 구체적인 단어들을 정해 놓아야만 한다. 모호해서는 안 되고 그러한 말을 사용해서는 안 된다는 것을 명확하게 하도록 한다. 이러한 것이 욕설과 욕설이 아닌 것을 구별하게 해줄 것이다. 부모가 듣기를 원하지 않는 말은 명확하게 알려주도록 한다.

신체적 공격

칩을 잃게 되는 또 다른 사항은 신체적인 공격이다. 비록 3단계에서 논의되었지만, 이것은 곧바로 타임아웃으로 가게 되는 것이다. 그러나 매일 타임아웃을 하는 공격적 아동에게 칩을 빼앗는 것도 이득이 될 것이다. 다시 말해서, 이전의 예에서처럼 무슨 벌을 받고 얼마나 많은 칩을 잃을 것인지를 명확히 하도록 한다. 신체적 공격에 관한 벌은 부적합한 언어사용보다 더 커야 한다. 그러나 한 사건에 공격적 행동이 여러 개일지라도 벌은 한 가지만 주도록 해야 한다. 한두 사건으로 아동의 칩을 모두 다 쓰게 하지 말아야 한다. 그러한 상황이 된다면, 자녀가 다시 그러한 행동을 하게 될 때 무엇을 사용하겠는가? 결국 당신은 일관되어야만 한다. 아동이 벌지 않은 칩을 줄 수 없고 마이너스 계좌를 아동에게 줄 수도 없다는 것을 고려해야만 한다.

칩 비용의 제한

칩 비용에 관하여 중요하게 생각해야 할 것이 있다. 당신이 칩을 빼앗을 때는 약속한 칩 이상의 것을 빼앗지 말아야 한다. 자녀가 칩을 너무 빨리 잃게 될 수도 있고 이러한 프로그램을 계속 하는데 대한 동기가 떨어질 수도 있다. 이러한 프로그램 시행을 그만 둔 후에 (예를 들어, 당신의 자녀가 부적합한 언어를 사용하지 못하도록 한다) 당신은 적용하기를 원하는 또 다른 문제로 옮겨갈 수가 있다. 자녀가 예전의 나쁜 행동습관을 다시 하지 않는지 1~2주 동안 기다려 본 다음 당신은 목록을 바꿀 수 있음을 명심해야만 한다.

적용

이 장의 앞에서 설명하였듯이, 제안들은 너무 광범위해서 한 번에 수행할 수가 없다. 대신에 점차적으로 계약을 확장하도록 한다. 예를 들어, 우선 집안일과 같은 일상의 일 중 하나를 하고난 후 보상 목록을 확장하거나 칩 사용도 한 가지 행동에만 적용하는 것이다. 부모가 계약을 다시 확장하기 전에 1~2주 동안 이러한 작업을 하도록 한다. 부모와 함께함에 있어서 행동이 확실히 수정되었는지를 살펴보는 것이 매우 중요하다. 계약을 확장하기 위한 몇 가지 기법들은 7, 8, 9단계에서 제공될 것이다. 이러한 순서대로 수행하는 것은 의무가 아니고 오직 당신이 필요하다고 느끼는 것을 수행할 필요가 있다. 부모는 수행해 나아가면서 이러한 단계의 틀을 잘 익히도록 한다.

Checklist 6A

: 체크리스트 6A

단계 6 : 행동 계약 확장하기

절차

1. 책임감 목록을 점검하기
   - 책임감 목록을 연장하기
   - 목록에 일어나는 일들을 첨가하기. 변화는 명백하게 언급되어야 한다.
   - 자동적으로 요청될 '우선 필요한 것'에 대하여 추가하도록 하기. 항상 자녀가 일을 함으로써 얼마를 얻을 수 있는지 알려주도록 한다.
   - 수행해야 할 일들을 통합하여 실시해볼 수 있으나 지난주에 각각의 일들의 3분의 2가량이 잘 수행되는지를 살피고 난 후에 통합할 수 있음을 명심해야 한다.

2. 첫 번째 시도의 순응
자녀에게 '첫 시도'에 대한 지시를 주도록 한다. 당신이 이러한 첫 시도에 대한 지시를 자녀에게 할 때마다 말할 수 있다.

3. 보상과 특권을 살피기

- 일상의 특권 목록을 확장하기
- 친구 집에서 잠을 자거나 하는 것과 같이 때때로 일어나는 특권을 포함시키도록 한다.
- 많은 칩으로 커다란 보상을 자녀가 받을 수 있게 한다. 예를 들어 게임 팩, DVD, CD 등이 예가 될 수 있다.
- 자녀가 칩을 보유하고 있기만 하고 칩을 사용하지 않는다고 하더라도 걱정하지 말도록 한다. 칩을 벌지 못하면, 장난감을 가지고 노는 것을 제한하도록 한다. '칩을 쓰는 것'을 주중에 다 하게 한다.
- 특정 수의 칩을 쓰는 것을 통해서만이 보상을 받을 수 있음을 자녀에게 확실히 알려주어야만 한다. 이것은 단호하게 하도록 한다.

4. 비용

- 비용은 칩을 사용하는 것이다. 잘못된 행동은 정확하게 언급하도록 한다. 잘못된 행동과 칩을 얼마나 빼앗기게 될지에 대해서 명확하고 정확하게 정의하도록 한다. 당신은 형제나 보모가 이야기하는 것보다 부모 스스로 관찰한 행동만 염두해야 한다.
- 주어진 시간에 잘못된 행동에 대해서만 칩을 빼앗도록 한다.

Checklist 6B

체크리스트 6B

● 비용 목록

이름 : _____

비용	총계

7단계–집 밖에서 자녀관리

Step 7 - Manage Out-of-Home Situations

9

잠시 멈추고 지금까지의 과정을 살펴보도록 한다. 지금까지 당신은 중요한 행동 기법들을 실시하였고 자녀는 많은 행동의 향상을 보여왔어야 한다. 때로는 기복을 보이기도 하지만 행동 문제들은 사라져야만 한다. 대부분의 아동들은 좋은 날도 있지만 나쁜 날도 있을 수 있다. 어떤 날에는 아동이 협력적일 수도 있고 어떤 날에는 아동이 까다로울 수도 있다. 문제 행동에 있어서 정도의 차이는 아동이 얼마나 통제를 잘하느냐 못하느냐에 달려 있다.

자기 통제력은 상황과 때에 따라서 달라질 수 있다. 자신의 통제능력을 살펴보자. 당신의 통제력이 다른 날과 다른 적이 있지 않은가? 인스턴트 음식이 지나치게 먹고 싶거나 충동적으로 물건을 구매하고 싶은 욕구를 참기 힘든 날이 있지 않은가? 때로는 디저트에 대한 욕구를 쉽게 자제할 때도 있고 먹어서는 안 된다는 것을 잘 알면서도 먹게 될 때가 있지 않은가? 상점의 쇼윈도에서 당신이 좋아하는 물건을 보았을 때 그것을 그냥 지나칠 때도 있지만 필요하지 않다는 것을 잘 알면서 물건을 사버릴 때도 있지 않은가? 부모들이 자신의 자기 통제력을 상실할 때를 인식하는 것은 중요하다. 충동적으로 물건을 사거나 간식을 거부하기 어려울 때 스스로 자신을 다룰 수 있기 때문이다.

자기 통제력은 많은 요소들과 관련이 있다. 어떤 날에 우리가 어떤 감정을 느끼는지, 화가 나고 스트레스 받고 갈등이 있거나 슬플 때 우리는 충동적 감정을 통제하는 것이 힘들 때가 있다. 아동도 같은 감정과 행동을 경험한다. 비슷하게도 자기 통제력을 경험하는 것은 이러한 요소들에 의하여 영향을 받는다. 추가적으로 아동의 자기 통제 능력은 주어진 순간에 그들이 느끼는 기분과 관련이 있다. 그들이 느끼는 자극이 크면 클수록 자기 통제력을 키우는 것이 어렵다.

추가적 단계와 기법으로 넘어가기 전에, 이전 단계에서 부모가 사용해왔던 방법들을 일관되게 살펴보도록 한다. 당신이 자녀에게 지시하기 전에 눈 맞춤을 잘 했는지? 기억나지 않는다면, 1단계로 돌아가 다시 살펴보도록 한다. 지시 후에 자녀와 논쟁을 계속 하였는지? 그렇다면 2단계로 돌아가 다시 살펴보도록 한다. 자녀는 여전히 빈번한 분노 행동을 보이는가? 3단계를 살펴보는 것이 도움이 된다. 숙제를 하는 데 여전히 문제를 보이는가? 5단계의 기법을 계속 사용하고 있는가?

그리고 가장 중요한 점은 행동적 계약을 어떻게 효과적으로 사용하였는가이다. 지금까지 자녀의 많은 일상과업과 집안일 등을 다루었다.

자녀는 아침 일상과 저녁 잠자는 시간, 집안일에 있어서 협력적이어야 만 한다. 그러나 여전히 이러한 일에 있어서 문제가 있다면, 다음 단계로 나아가기 전에 4단계와 6단계를 다시 살펴보도록 한다. 자녀가 일관되게 잘했을 때 스티커와 칩을 주었는지? 특권과 보상을 일관되게 주었는지? 충분히 성공할 수 있는 기회를 고려하여 주었는지? 벌로 지나치게 비용 사용을 하지는 않았는지? 행동 계약은 7, 8, 9단계의 성공을 위한 선행요구 조건이 된다. 그러므로 당신이 추가 단계로 나아가려면 계약의 성공적 경험을 위한 시간들이 필요하다.

잘 고안된 행동적 계약은 힘 있는 도구가 된다. 당신은 중요하다고 생각되는 상황이나 과업을 추가하는 융통성을 가져도 된다. 행동 후에 즉각적인 언어적 피드백을 아동이 받을 수 있는 기회를 제공하도록 한다. 일관된 시간이 지난 후 자녀의 적합한 행동은 긍정적 결과로 이끌고 행동하기 전에 생각을 하게 되는 능력을 향상시키게 되며, 주어진 상황에서 어떻게 행동할지를 결정해야 할 때 옳은 행동을 자녀들은 선택하게 된다. 이러한 프로그램의 단계를 진행하는 동안, 우리는 까다로운 아동에게서 종종 보여지는 일반적인 세 가지 문제들을 다루는 데 4단계와 6단계에서 보여준 계약 방법을 사용할 것이다.

당신이 1단계에서 6단계까지 완성해 나아가는 것은 매우 중요하다. 왜냐하면 각 단계는 이전 단계를 잘 마친 후에 수행할 수 있고 각각의 단계는 다음 단계로 연계하여 나아가는 것이 효과적이기 때문이다. 단계에 머무르는 동안 단계를 나가는 것만이 중요한 것은 아니다. 남아 있는 세 가지 단계에서는 특정 환경에서의 어려움에 대한 내용들을 담고 있다. 이번 장은 집 밖에서(교회, 상가, 식당)의 문제를 줄이는 데 집중

하고 있다. 8단계는 방해받는 문제들, 9단계는 이동의 문제를 다루고
있다. 7, 8, 9단계는 당신과 자녀의 욕구에 기초하여 완성하였다.

왜 일반적으로 집 밖에서 자녀는 문제를 보이는가

종종 집 밖에서의 상황은 특별한 도전을 준다. 집 밖에서의 환경에서
자녀들은 종종 자기 통제의 문제를 보인다. 이것에 관한 이유는 복잡
하나 어떠한 요소들을 자세히 살펴보아야 한다.

우선, 외부 환경들은 자녀의 행동과 그에 따른 결과를 잘 알 수 있는
집과 같은 환경이 아니다. 따라서 자녀들은 당신이 기대하는 행동이
무엇인지를 잘 모를 수가 있다. 또한 외부 환경은 덜 구조적이다. 수퍼
마켓 또는 백화점에서는 부모의 감독이 힘들고 자녀의 관점에서 좋은
행동의 기준이 명확하지 않기 때문에 자녀들은 의하해할 수가 있다.
소리 지르기 전에 엄마로부터 얼마나 떨어져 있어야 할지? 내가 문제
를 일으키고 얼마나 빨리 뛸 수 있을지? 빨리 뛰지 않을 때 빨리 걷는
것은 괜찮은 건지? 내가 문제를 일으키기 전에 선반에서 건드려도 되
는 물건은 무엇인지? 엄마가 소리치기 전에 어느 정도의 소리를 내도
되는 건지?

또 다른 중요한 점은 통제 불가능한 환경에서 자녀가 경험하게 되는
자극의 증가이다. 슈퍼마켓이나 백화점은 많은 사람들이 돌아다니고
서로 부딪치고 이야기를 한다. 매 순간 순간마다 많은 불빛과 색깔들
이 자녀의 주의력을 분산시키게 되어 자기 통제력과 좋은 행동에 대
한 생각을 계속 하게 될 수 없다. 자녀의 관심을 계속 변화시키는 소리

와 많은 것들이 자녀의 호기심을 끊임없이 자극한다. 즉, 과도한 자극을 접하게 되는 것이다. 이러한 상황에서 자녀가 자기 통제력을 가지기란 힘들 것이다.

예를 들어, 보통 가족모임을 할 때 자녀들은 자주 보지 못했던 사촌들과 접촉하고 노는 기회에 대해서 너무나 좋아한다. 모임에서 자녀들은 주로 신체적 활동을 하며 놀게 된다. 모든 자녀에게 자기 통제력을 잃을 수밖에 없는 활동이 제공됨으로써 이러한 것이 자녀에게 자극이 될 수가 있다.

집 밖에서의 환경은 가정 내에서 익숙했던 환경보다 자녀에게 더욱더 까다로운 규칙을 지키게 해야 한다. 예를 들어, 자녀들과 함께 살지 않는 가족 구성원이 집을 방문하였을 때, 자녀는 다른 사람의 집에서는 허용되지 않으나 자신의 집에서는 허락되는 행동들이 있음을 알게 된다. 종교 장소와 같은 곳에서. 이러한 곳에서는 조용하고 차분해야 하며 어린 아동들이 적응하기 힘든 곳이다. 이렇게 집 밖에서의 모든 장소들은 종종 집중적 관심과 전문화된 접근이 요구되는 도전적인 곳이다.

아래 사항을 살펴보자.

다섯 살의 바비는 엄마와 슈퍼마켓에 막 들어갔다. 들어가기 전에 엄마는 "가게에서 잘 행동한다면, 우리가 물건을 사고 밖으로 나갈 때 사탕 한 봉지를 사줄 거야"라고 말한다.

바비는 "좋아요"라고 답했다.

바비와 엄마는 가게에 갔다. 바로 바비는 돌아다니기 시작했다. 엄마는 쇼핑 목록을 보고 사느라 정신이 없었고 바비가 마구 돌아다니는 것을 눈치 채지 못하였다. 몇 분이 지난 후에 엄마는 바비를 불러보았다. "바비, 어디 있니?" 바비는 대답이 없었다. 왜냐하면 바비는 다른 곳에 가있었기 때문이다. 엄마는 다른 곳을 찾아다니기 시작하였고 얼마후 선반의 과자를 보고 서있는 바비를 발견하였다.

"엄마 저거 살 수 있어요?" 바비는 선반에서 과자 박스를 꺼냈다.

"아니 살 수 없어"라고 엄마는 대답하였다. 그러고는 과자 박스를 다시 제자리에 두었다.

바비는 "왜요?"라고 물었다.

엄마는 대답하지 않고 "내가 너에게 어떻게 행동하라고 했지? 네가 이런 식으로 하면 너는 사탕을 가질 수 없어"라고 말하였다. 엄마는 손으로 바비를 잡아당기며 이전에 쇼핑하던 곳으로 데리고 갔다.

바비는 징징거리고 불만을 보이기 시작하였다. 그녀의 목소리는 점점 커지기 시작하였다. "왜 안돼요? 나는 과자를 원해요!"라고 바비는 말했다.

엄마는 그녀를 무시하고 쇼핑을 하였다. 엄마가 바비의 손을 놓자 바비는 도망가기 시작하였고 다시 과자 박스 있는 곳으로 가서 그것을 가졌다. 엄마는 그녀를 쫓아가 그녀의 손을 덥석 잡고 과자 박스를 빼앗아 제자리에 두며 "왜 자꾸 이렇게 행동하니? 이렇게 자꾸 행동하면, 집에 갈 때 사탕을 사주지 않을 거야"라고 말한다.

바비는 바닥에 주저앉아 울기 시작하였다. 엄마는 울고 있는 바비를 끌고 갔다. 바비와 쇼핑을 하면 엄마는 흰머리가 하나씩 느는 느낌이 들 정도로 힘이 들었다.

엄마는 바비의 손을 꼭잡고 다시 쇼핑을 시작하였다. 바비는 계속 울면서 선반에 있는 여러 가지 물건들을 마구 쇼핑 카트에 넣기 시작하였다. 엄마가 알아차리고 그것을 다시 제자리에 두었다. 이렇게 행동하면 네가 원하는 사탕을 사줄 수 없다고 이야기하였다. 바비는 도망가고 엄마는 쫓아가 손을 잡고 놓치지 않으려고 애를 썼다.

엄마는 사탕과 껌이 계산대 근처에 배치되어 있는 것을 보았다. 엄마는 이것들을 가리키면서 "바비, 내가 계산을 하는 동안 잘 행동한다면, 너는 약속한 사탕을 먹을 수 있을 거야." 그녀는 바비의 손을 놓고 계산대에 계산할 물건을 놓기 시작하였다.

바비는 캔디를 집어 그것을 쇼핑백에 넣었다. 엄마는 그것을 알아차리고 "바비, 이렇게 하면 안 되는 거 알잖아! 사탕 안돼"라고 말해버렸다. 바비는 울면서 엄마로부터 도망가려고 하며 소리치고 분노하자 엄마는 그녀의 손을 잡고 그녀의 등을 밀어버린다. 쇼핑하는 사람들이 모두 쳐다보자 엄마는 창피함을 느끼기 시작하였다. "집에 가서 두고 보자. 아빠에게 모두 이야기할 거야"라고 엄마는 말한다.

엄마는 겨우 계산을 하고 계속 소리 지르고 난리 치는 바비를 끌고 나왔다. 주차장에서 바비는 엄마로부터 도망가기 시작하였다. 엄마는 바비를 잡아 차에 집어넣었다. 바비는 계속 소리치며 울었고 엄마는 더 이상 그녀를 어떻게 해야 할지 알지 못하였다.

무엇이 잘못되었는가? 가게에서 바비의 행동을 좋아지게 할 방법들이 있는가? 비록 대답은 '그렇다'이지만, 많은 부모들은 종종 포기하고 몇 번의 시도 후에 그들의 자녀와 함께 가게에 가지 않는 방법을 선택한다. 대신에 그들은 나이 많은 형제, 배우자, 또 다른 가족 구성원들에게 쇼핑을 하는 동안 자녀를 보살피게 한다. 이러한 것은 좋은 해결책이 아니다. 가게에 갈 때마다 베이비시터를 고용하는 것도 재정적으로 너무 부담이 되고 가족 구성원들이 자주 베이비시터와 함께 있어야 하는 것도 힘들 수가 있다. 그러나 정말 중요한 것은 스스로 통제력 키우기를 연습하고 배울 수 있는 기회를 없애는 것이다. 결과적으로, 자녀를 통제력을 기르는 데 도움이 되는 환경에 두는 것이 매우 중요하다. 아래에 제안들은 Barkley(1997)의 이론에 기초하고 있으며 그것을 더욱더 확장시키고 정교화 하였다. 그리고 현재 그 효과성은 나의 연구에서 입증되었다(Kapalka, 2003a).

현실적인 기대들

가게나 식당, 다른 사람의 집, 종교적 장소에 자녀와 갈 때에는 준비를 해야 한다. 첫 번째로 자녀에게 가장 문제가 될 행동들에 대해서 중요하게 생각해보도록 한다. 가게에 가기 전에 자녀들이 이전에 힘들게 했던 문제 행동들을 생각해보도록 한다. 이것은 자녀가 특정 환경에서 향상되어야 할 중요한 행동들에 집중할 수 있도록 도와주는 것이다.

　더불어 당신은 현실적으로 생각해야 할 것이다. 당신의 다섯 살짜리 자녀가 종교 장소에서 조용하게 앉기를 기대하는가? 그것은 불가능할 것이다. 아마도 당신은 매 15분마다 휴식을 해야 하거나 밖으로 나가거나 자녀가 쉴 수 있게 해야 한다. 항상 자녀에게 현실적으로 기대해야 할 것이 무엇인지를 살피는 것은 중요하다.

계획

집 밖에서의 통제 불가능한 상황에서 행동적 문제를 수정하기 위해 이 프로그램의 여러 가지 단계의 전략과 원리들을 적용할 수 있다.

이 장 마지막의 체크리스트에 요약한 것과 같이 자녀의 문제를 최소화하고 자기 통제력을 향상시키기 위한 행동 계획 방법들을 여기에 제시하였다.

- 규칙 정하기
- 규칙을 따르는 것에 대한 보상
- 규칙을 따르지 않는 것에 대한 결과 설정
- 목표 환경 조사
- 적합한 결과를 지도 감독하기

상세하게 이러한 요소들을 살펴보도록 하자.

규칙 정하기

목표 환경을 설정하기 전에 자녀는 당신이 기대하는 것을 명확히 알아야만 한다. 스스로 준비하고 자녀가 수행하기를 원하는 것에 주목하도록 한다. 당신이 목표하는 환경에 가기 전에 차에서 하는 것이 좋다. 제1장에서 묘사된 절차를 사용하면서 자녀와 눈 맞춤을 하도록 한다.

일단 당신에게 집중하게 하고 특정한 규칙을 몇 가지 세우도록 한다. 자녀가 어리면 어릴수록 당신은 기대를 적게 해야 한다. 예를 들어, 네 살의 자녀는 한번에 한 가지 규칙을 따라야 하지만 아홉 살의 자녀는 두세 가지 규칙을 따를 수 있어야만 한다. 자녀가 따르기 원하는 규칙을 설명해주도록 한다. 규칙은 충분히 자세하게 설명되어야 하며 자녀에게 다시 설명을 해줄 필요가 없을 정도가 되어야 한다. 다시 말해서, 명확하게 당신이 기대하는 것을 정의하도록 한다. "잘해라", "잘못 행동하지 마라"와 같은 일반적인 말은 하지 말도록 한다. 자녀가 당신이 의미하는 것과 기대하는 것을 추측하게 되고 이러한 것은 일반적으로 사실이 아니다. 아주 구체적, 세부적이어야 한다. "나로부터 떨어지지 마라", "나의 허락 없이 서랍의 물건들을 만지지 마라" 등등이다.

자녀에게 한 가지 경고를 주거나 목표 환경에서 규칙을 생각나게 하는 경고를 줄 것이라고 알려주도록 한다. 당신이 기대하고 있는 것을 자녀가 잘 이해하고 있는지 확인하기 위해 자녀 스스로 이러한 규칙을 반복하여 말하게 하고, 또한 오직 한 번의 경고를 줄 것이라는 사실도 알려주도록 한다. 이것은 자녀가 경고가 신호임을 인식하게 도울 것이다. 왜냐하면 경고가 반복되지 않을 것이기 때문에 더욱 의미있는 것이 될 것이다. 자녀가 반복하여 경고를 들을 때 이는 위협이 되고, 자녀가 수행하지 않을 수도 있다. 대신에 당신이 오직 한 번의 경고를 줄 것임을 자녀에게 가르치도록 한다.

규칙을 따르는 것에 관한 보상을 선정하도록 하기

명백하게 자녀에게 어떠한 규칙을 따를지 알려주도록 한다. 다시 말해서, 명백하고 세부적이어야 한다. 보상의 좋은 예는 다섯 개의 칩과 스티커를 받는 것이다(당신이 이미 세운 계약에 따라). 이 단계를 시도함에 앞서서 이런 점수 매기기는 효력이 있는 행동적 계약에 필요하다. 자녀가 특권과 보상을 교환할 수 있는 포인트(스티커나 칩)를 좋은 행동을 통해 벌 수 있도록 한다면 자녀는 추가적 포인트를 벌려고 매우 노력할 것이다.

때로는 바로 강화를 주는(그 자체가 보상의 가치가 있는 결과를 주는 것) 것이 이차적으로 강화를 주는 것(어떠한 것을 교환하여 가치가 있는 것)보다 더 나을 수도 있다. 특히 자녀에게 가치가 있는 것은 작업을 잘 완수한 후에 곧바로 보상을 하는 것이다. 스티커는 어떤 자녀에게는 효과적일 수가 있다. 또한 당신은 다른 것을(사탕과 같은) 사용할 수 있으며, 보상으로 실체가 있는 비슷한 것으로도 할 수 있다. 그러나 명백하고 상세하며 현실적인 것이 초기에는 중요하다. 보상은 자녀가 기대한 행동을 잘 한 후에 주어져야 한다. 보상으로 음식을 주는 것은 가끔 하도록 하고 자녀가 좋아할 다른 강화물을 찾도록 해야 한다. 음식은 빈번한 보상이 될 수도 있지만 적합하지 않을 수도 있다. 자녀가 성장함에 따라 음식 보상의 양은 많아져야 하고 이렇게 되면 자녀의 몸무게 관리 문제가 발생할 수 있다. 특히 통제 불가능한 아동들은 효과를 보지 못한다. 더 나은 행동을 가르치는 데 음식을 사용하는 것은 갈등의 순환을 지속시키게 되므로 차라리 사용하지 않는 것이 낫다.

보상은 목표 환경의 어려움 정도에 따라 달라야 한다. 예를 들어, 자녀는 짧은 여행이나 가게와 같은 곳보다는 어려운 환경(예를 들어, 종교적 장소)에서 규칙을 잘 따른 것에 커다란 보상을 주어야만 한다. 자동차 여행과 같은 환경에서는 상황을 나누어서 보상을 주도록 한다. 가족이나 친구 집을 방문할 때 자녀에게 규칙을 알려주고 이 환경에서 모든 사람들이 자녀의 행동에 같은 기대를 가지고 있음을 알려주도록 한다.

때로는, 다른 사람들의 집을 방문할 때 집주인의 규칙에 적응시키기 위해 자녀의 행동에 관한 부모의 규칙을 수정할 필요가 있다. 즉 그러한 규칙이 집에서 정한 부모의 기준과 다를지라도 말이다. 주어진 환경 안에서 기대하고 받아들일 만한 것에 관한 일관된 메시지를 주는 것이 중요하다.

규칙을 따르지 않는 것에 관한 결과를 주기

자녀가 규칙을 따르지 않는다면, 부모는 보상을 주지 못할 것이다. 많은 상황에서 이러한 것은 당연한 것이고 규칙을 따르지 않는 것에 관한 자연적인 결과가 될 수 있다. 자녀가 행동을 똑바로 하지 못한다면 보상을 받을 수 없는 것은 당연하다. 그러나 때로는 규칙을 어긴 것에 관한 부정적인 결과가 도움이 될 수도 있다(예를 들어, 자녀가 당신으로부터 멀리 도망감으로써 위험에 처해졌을 때). 가장 적합한 부정적 결과는 자녀가 받지 못한 보상과 동등한 결과일 것이다. 자녀가 규칙을 따름으로써 다섯 개의 칩을 벌었다면, 규칙을 따르지 못하여 다섯 개의 칩을 잃을 수도 있다. 어떤 경우(예를 들어, 규칙을 따르는 것이 매우 어려운 종교 장소와 같은 경우) 성공에 따르는 보상을 추가적으로 더 줌으로써 자녀가 더욱더 열심히 하도록 만들 수 있다. 부모는 자녀에게 결과를 반복하여 알려주고 규칙을 따르면 보상을 받고 따르지 않으면 보상을 잃을 수 있음에 대해서 명백히 알려주도록 한다.

목표 환경으로 가기

규칙과 결과를 명백하게 설정한 후에 당신은 목표 환경에 갈 준비를 하도록 한다. 규칙을 잘 수행하고 따르는지를 명확하게 살피도록 한다. 규칙이 깨졌거나 자녀가 규칙을 어겼을 때는 규칙과 결과를 알려준다. 자녀에게 오직 한 번의 경고만을 줄 수 있다. 자녀가 여행 기간 동안 규칙을 잘 따른다면, 칭찬하고 좋은 자기 통제력을 가진 것에 대해서 부모가 얼마나 기쁜지를 알려주며 그것이 실천적이라면 긍정적인 결과를 주도록 한다. 자녀가 자신의 수행을 실천적으로 할 수 있도록 부모가 도와야 한다.

적합한 결과를 주도록 하기

당신이 경고를 준 후에도 자녀가 다시 규칙을 어긴다면, 보상을 주지 않거나 부정적인 결과를 지시하도록 한다. 자녀에게 분노하는 것처럼 해서는 안 된다. 부모는 자녀가 지나치게 속상함을 느끼기를 원하지 않을 것이다. 대신에, 미래에 성공하도록 또 다른 기회를 가질 수 있게 해야 한다.

타임아웃이 필요한 때

통제 불가능한 자녀는 그들이 보상을 받지 못하거나 어떤 부정적인 결과를 받게 되면 속상해 할 것이다. 이러한 상황에 즉각적으로 참여하는 것이 중요하다. 자녀가 화를 내는 것을 보면 바로 개입하도록 한다. 다른 사람들 앞에서 자녀를 차분하게 하는 시도는 하지 않도록 한다. 다른 가족 구성원이나 친구 등 사건을 목격한 목격자들 앞에서 자녀를 혼낸다면 상황은 더욱 안 좋아질 수가 있다. 대신에 조용하고 사적이며 부드럽고 차분하게 말할 수 있는 장소를 찾도록 한다. 심지어 자녀가 그렇게 하지 않을지라도 그렇게 하도록 한다. 자녀에게 차분한 모습을 보이고 소리 지르지 않도록 한다. 1~2분 안에 차분하게 되도록 요청하고 자녀가 너무 흥분하여 차분해지지 않는다면, 더 시간을 가지도록 한다.

자녀가 통제력을 잃고 분노 행동을 보인다면, 3단계의 타임아웃을 하도록 한다. 자녀를 차분하게 할 수 있는 장소에 고립되게 한다. 가족과 친구들이 방문했을 때는 침실이나 욕실을 이용하도록 하고 그때는 다른 사람들이 그 장소에 가지 못하도록 한다. 가게나 대중음식점에서도 이 방법을 사용할 수 있다. 적합한 장소가 없을 때는 차에서 타임아웃을 하도록 할 수도 있다.

차에서의 타임아웃

차에서 타임아웃을 할 때 자녀를 차에다 두되 되도록 뒷좌석에 두도록 한다. 3단계와 일치하는 지시를 자녀에게 주도록 한다. 자녀가 차분해질 수 있을 때까지 차에 자녀를 두고 상호 작용 하도록 한다. 문을 닫고 그러나 들어가지는 않도록 한다. 대신에 차 옆에 서서 자녀가 차 안에 차분하게 있는지를 확인한다. 눈 맞춤을 하지 말도록 한다. 왜냐하면 이는 더욱더 자녀를 분노하게 만들 수 있기 때문이다. 얼굴을 돌리는 것이 도움이 될 수 있으므로 자녀와 눈을 마주치지 않도록 한다. 자녀가 통제 불가능하고 차에서 위험하게 행동한다면 자녀 옆으로 가서 뒷좌석을 잡도록 한다.

차를 타임아웃 환경으로 사용할 때는 현명해야 한다. 안 좋은 날씨에는 하지 말도록 한다(예를 들어, 너무 추운 겨울이나 너무 더운 여름). 자녀가 문을 연다면 위험에 처할 수 있는 복잡한 장소에 주차되어 있을 경우 해서는 안 된다. 차에 당신이 가지고 있는 물건들을 잘 살피고 자녀 가까이에 위험하고 해로운 것이 없도록 한다. 타임아웃 장소로는 조용한 곳을 찾는 것이 중요하다. 시동을 거는 키가 없으면 대부분의 차들은 움직일 수 없고 기어를 옮길 수도 없다.

자녀가 충분히 차분해지고 난 후에 다시 원래 있던 곳으로 돌아오게 하되 어떠한 보상을 받을 수 있는 기회를 주지 않도록 한다. 자녀가 다시 부적절한 행동을 한다면 타임아웃을 반복하도록 한다.

적용

바비와 엄마의 예를 가지고 이 장에서 묘사한 기법들을 적용해 보도록 하자.

가게에 들어가기 전에 차 안에서 엄마는 "바비, 나를 보도록 해라"라고 말한다. 바비가 그렇게 했을 때 엄마는 그녀에게 말한다. "우리는 가게에 가려고 한다. 나는 네가 따라야만 하는 규칙을 두 가지 주도록 할게. 첫 번째, 너는 내 옆에 있어야 하고 돌아다녀서는 안 된다. 두 번째, 내가 허락하지 않은 물건은 장바구니에 넣어서는 안 된다. 내가 말한 두 가지 규칙을 반복해서 말해보도록 해."

"응 엄마. 나는 엄마 옆에 있을 거고요. 엄마가 오케이 하지 않은 물건들은 카트에 넣을 수가 없어요."

"응, 좋아. 지금 네가 이러한 규칙을 따르면 엄마는 어떠한 보상을 줄 거야. 첫째, 엄마는 우리가 가게 밖으로 나갈 때 사탕을 사줄 거야. 두 번째, 우리가 집으로 가서 네 바구니에 다섯 개의 칩을 넣어 줄 거야. 지금부터 네가 규칙을 따른다면 어떠한 보상을 받는지 다시 말해보도록 하렴."

"나는 사탕을 얻을 수 있고 다섯 개의 칩을 얻을 수 있어요."

"응, 좋아. 그럼 규칙을 따르지 않는다면, 어떤 일이 일어날지를 말해 줄게. 엄마는 사탕을 사주지 않을 거고, 우리가 집에 가면 너의 바구니에서 다섯 개의 칩을 빼앗을 거야. 이해하겠니? 자, 반복해서 말해보렴."

"네. 엄마는 사탕을 사주지 않을 것이고 나의 바구니에 있는 다섯 개의 칩을 빼앗을 거예요."

"응, 좋아. 기억해야 해. 엄마는 네가 보상을 못 받기 전에 한 번의 경고를 줄 거야. 이해하겠니?"

"네, 엄마."

"응, 좋아. 들어가자. 열심히 해보렴. 나는 네가 이러한 규칙을 정말 잘 지킬 것이라 확신한단다."

엄마와 바비는 가게에 갔다. 처음으로 바비가 돌아다닐 때 엄마는 그녀에게 말했다. "바비, 우리가 차에 있는 동안 네가 따라야 하는 규칙 두 가지를 말했어."

바비는 엄마가 설정한 규칙을 다시 말했다. 그리고 나서 엄마는 "응, 좋아. 바비 네가 이러한 규칙을 따르거나 따르지 못한다면 어떻게 될지도 말했어."

다시 말해서 바비는 엄마에게 이러한 규칙을 설명했고 엄마는 다시 말해주었다. "지금 무슨 일이 일어났지?" 엄마는 바비가 돌아다닌 것에 대하여 인식시켰다. 그러고 나서 "좋아, 바비. 내가 차에서 말했던 것처럼 이것은 첫 번째 경고다. 다시 한 번 규칙을 어긴다면, 어떤 일이 일어날지 너는 이미 알고 있어."

엄마와 바비는 계속 쇼핑을 한다. 바비가 성공적으로 규칙을 지킨다면, 엄마는 그녀를 칭찬하고 밖에 나가면서 사탕을 사주고 집에 도착하여 다섯 개의 칩을 줄 것이다.

또 다른 한편, 바비가 규칙을 다시 어긴다면, 엄마는 앞에서 설명한 상호 작용을 다시 반복하고 규칙과 결과가 무엇이고 이러한 것을 어기면 어떻게 할지에 대해 다시 한 번 언급해주어 바비에게 기억시켜 준다. 바비에게 결과를 알려주고 다시 조용히 쇼핑을 한다. 바비가 화를 낸다면, 엄마는 가게 모퉁이로 가서 바비를 차분하게 하고 그녀에게 스스로 생각할 수 있는 시간을 주도록 한다. 바비가 분노 행동을 보인다면, 엄마는 카트를 안전한 곳에 두어 조금 지켜 달라고 점원에게 부탁한 후 타임아웃을 시행하기 위해 자동차로 가도록 한다. 바비가 차분해졌을 때, 엄마와 바비는 돌아와서 다시 쇼핑을 한다.

시간과 노력의 가치 있는 투자

바비가 규칙을 어겨 보상을 받지 못하는 것에 대한 계획, 시간 또는 노력은 엄마의 역할이다. 그러나 추가시간과 노력은 투자할 만한 가치가 있다. 바비가 상호 작용을 통해서 무언가를 배울 수 있기 때문이다. 다음 번에 가게에 갈 때는 바비가 문제를 일으키지 않을 것이라는 것을 보장하지는 못하지만, 일관적으로 이러한 절차를 사용함으로써 반복적으로 발생하는 자녀의 행동 문제는 점차 사라지게 될 것이다. 다른 한편 초기에 앞장에서 언급된 상호 작용 방법을 수행함에 익숙하지 않다면, 바비는 가게에서 쇼핑을 하는 동안 여전히 문제를 보일 수도 있다.

일관되고 반복적인 기법을 사용함에 따라 성공가능성은 높아질 것이다. 일주일에 두세 번은 자녀들에게 이러한 기법들을 사용하도록 한다. 당신이 경험하는 어려움의 수준에 따라서(아동의 나이에 따라서) 한 가지 규칙을 사용하거나 상대적으로 짧은 여행을 시작할 필요가 있다. 자녀가 성공적으로 규칙을 잘 따름으로써 추가적으로 다른 규칙을 따르게 하고 시간도 늘릴 수가 있다. 앞서 언급한 것처럼, 다른 문제들을 다루기 전에 적어도 2주 동안 이러한 기법들을 사용하도록 한다.

Checklist 7

⦂ 체크리스트 7

단계 7 : 집 밖에서 자녀 관리

절차

1. 규칙 정하기
   - 목표 환경에 가기 전에 눈 맞춤을 하고 자녀가 따라주기를 원하는 규칙에 대해서 당신이 설명해주도록 한다.
   - 두세 가지 이상의 규칙을 정하지 않도록 한다.
   - 명백하고 구체적으로 규칙을 알려주도록 한다. 규칙은 "그렇게 하지마"가 아니라 매우 구체적이어야 한다. 예를 들어 "나로부터 떨어지지 마라" 또는 "가게에 있는 동안 선반의 물건들을 가져가지 마라" 등이 될 수 있다.

2. 규칙을 따르는 것에 관한 보상을 선정하도록 하기
   - 당신의 규칙을 따름으로써 자녀가 무엇을 보상받을지 명확하게 알려주도록 한다.
   - 보상의 예 : 다섯 개의 칩, 가게에 있는 동안 살 수 있는 과자나 작

은 보상물들, 디저트, 공짜 물건을 얻는 특권, 모든 가족이 볼 수
있는 비디오테이프 등
■ 목표 환경의 수준에 상응하는 보상을 설정해주어야 한다. 예를 들
어 자녀가 짧은 여행에서보다 교회와 같은 어려운 환경에서 당신
의 규칙을 잘 따른 것에 대한 보상을 더 크게 주도록 해야 한다.
■ 자동차 여행을 하는 동안 보상을 준다면, 여행을 하는 동안 자녀가
여러 번 보상을 받을 수 있게 나누어서 계획하도록 한다.
■ 가족과 친구들을 방문할 때 자녀에게 규칙을 알려주고 모든 사람
이 자녀에 대해 같은 기대를 가지고 있음을 알게 하도록 한다.

3. 규칙을 따르지 않는 것에 관한 결과를 주기
■ 자녀는 보상을 얻지 못하게 된다.
■ 자녀에게 규칙과 결과 보상을 반복하여 알려주도록 한다.

4. 목표 환경으로 가기
규칙을 처음에 깨거나 자녀가 규칙을 지키지 않았을 때 바로 자녀에
게 결과를 알려주도록 한다. 오직 자녀에게 한 번의 경고만을 주도록
한다!

5. 적합한 결과를 주도록 하기
■ 규칙을 다시 어긴다면, 보상이 없음을 알려주도록 한다. 이번 여
행에서 더 이상 보상을 받지 못하도록 한다.

- 자녀를 통제할 수 없다면, 목욕탕이나 거실의 의자와 같은 곳에서 타임아웃을 주도록 한다.
- 적합한 장소가 없다면 자동차에서 타임아웃을 하도록 한다.
  - 당신이 하는 것을 모두 중단하고 자녀를 차에 데리고 간다.
  - 차 안에 자녀를 두고 문을 닫는다(부모는 차에 들어가지 않도록 한다).
  - 집에서 타임아웃 절차를 하는 것처럼 지시를 주도록 한다.
  - 엄마는 차 밖에 있되 자녀는 안에 있도록 한다. 자녀와 갈등을 겪지 않기 위해서는 창문으로부터 떨어져 있는 것이 도움이 될 수 있다.
  - 적당한 시간을 정해준 후에 자녀에게 이전 환경으로 돌아갈 것임을 알려주고 어떠한 보상도 주어서는 안 된다. 더 나아가 분노 행동을 보인다면, 타임아웃을 반복하도록 한다.

자녀가 당신의 규칙을 잘 따른다면 칭찬과 보상을 해야만 한다.

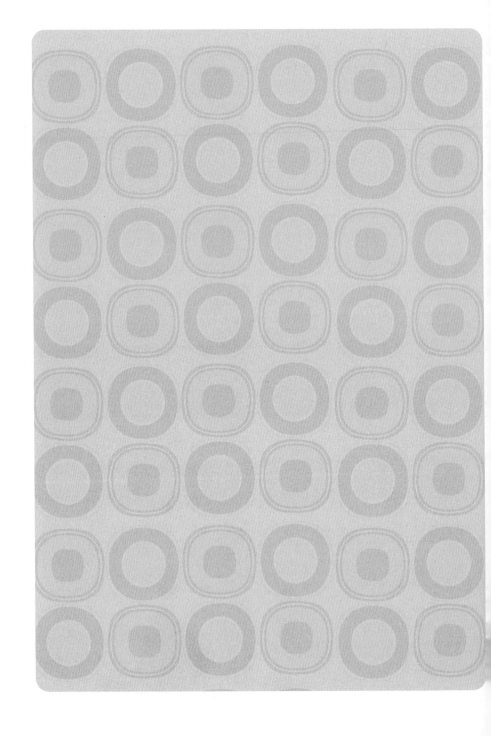

8단계-방해하지 않도록 자녀를 지도

Step 8 – Teach Your Child to Stop Interrupting

10

앞장에서 언급한 기법들을 잘 수행하였다면, 축하한다! 당신은 이 프로그램을 잘 수행한 것이다. 지금까지 자녀의 행동 문제들은 전반적으로 향상되어야만 한다. 당신은 집 밖의 상황에서 만날 수 있는 추가적인 문제들에 대한 행동 계약의 사용방법을 배웠다. 당신이 앞장을 읽지 않았다면 이번 장은 읽기 전에 다시 앞장을 살펴보기를 권하고 싶다. 당신이 실시하고 있는 행동 계약이 잘 되고 있는지를 점검하는 것은 매우 중요하다.

 잘 수행된 행동 계약은 도움이 되는 도구가 된다. 자녀가 가지고 있는 매일의 문제를 알 뿐만 아니라 특정한 환경과 상황에서 갑자기 일어나는 어려움들과 문제들을 더욱더 잘 알 수가 있다. 이것은 효과적이다. 왜냐하면, 일관된 결과들의 사용을 통해 점차적으로 자녀가 올바른 행동을 선택하게 하기 때문이다. 시간이 지난 후에는 멈추고 생각하는 방법이 자동적으로 된다. 그리고 전반적인 향상이 이루어진다. 이러한 방법을 사용함으로써 당신은 특정 문제를 수정하기 위한 계약들을 만들 수가 있다.

여러 문제들 중 하나는 성인들을 방해하는 매우 어린 아동들의 전형적인 행동들이다(약 두세 살가량). 그러나 일반적으로 나이가 많아지면서 향상되어 간다. 어떤 아동들은 성인을 방해해서는 안 되는 나이임에도 불구하고 부모에게 다가가기에 적합한 때와 다가가서는 안 되는 때를 여전히 인식하지 못한다.

예를 들면 일곱 살의 지미는 거실에서 TV를 본다. 부엌 가까이에서 그의 엄마는 저녁을 준비한다. 전화벨이 울려 엄마가 받았다. 대화를 하는 동안 지미는 엄마가 있는 부엌으로 와 엄마에게 말을 걸기 시작하였다. "엄마, 엄마!" 지미 엄마는 전화에 집중하고 있는데 엄마의 옷을 끌기 시작한다. "엄마, 엄마" 그녀는 계속 반복한다.

엄마는 전화를 멈추고 말한다. "네가 원하는 게 무엇이니? 엄마가 전화하고 있는 것 안 보이니? 내가 전화통화를 다 끝낼 때까지 기다리도록 해라."

지미는 잠시 동안 멈추고 있다가 다시 조르기 시작하였다. "엄마, 엄마." 그는 엄마가 자신을 무시하려고 하자 더욱더 반복한다. 몇 분이 지난 후에 엄마는 다시 대화를 멈춘다.

"엄마는 지금 통화중이라고 말했어! 근데 뭐 때문에 그래?"

"선생님이 엄마와의 면담 날짜를 바꾸기 위해서 전화하라고 했어요."

“응, 나중에 이야기하자. 지금은 통화중이다.”

엄마는 다시 대화를 하기 시작한다. 지미는 멈추고 부엌으로 간다. 그러고 나서 다시 엄마에게 접근해서는 “엄마, 엄마 엄마…”

엄마는 다시 그를 무시한다. 그러나 몇 분이 지난 후에 그의 방해는 다시 시작된다. 그녀는 다시 대화를 멈춘다. “지금이 대체 몇 번째야. 엄마는 통화중이란 말이야.”

“엄마, 엄마, 엄마…”

“네 방으로 가거라, 엄마는 통화중이다.”

“엄마, 다음 달 박물관 견학에 동의한다는 가정통신문에 사인을 받아야만 해요.”

“엄마가 지금 통화중인 거 안 보이니? 대체 왜 그러니?”

지미는 징징거리며 더 크게 울기 시작한다. “그래도 엄마는 이 통지문에 사인을 해야만 해요.”

엄마는 이성을 잃어버렸다. 그녀는 손에 전화기를 든 채 울고 있는 지미를 질질 끌고 부엌 밖으로 나가게 하였다. 지미는 더욱더 크게 저항 하며, “나는 엄마에게 할 말이 있고 이것은 매우 중요하단 말이에요”라고 울부짖는다.

엄마는 매우 화가 났다. 그녀는 지미를 방 밖으로 나가게 하였다. 지미는 “엄마는 진짜 나빠요. 나는 엄마가 싫어요”라며 소리를 친다.

엄마는 상대방에게 사과를 하고 다시 대화를 한다. 그녀는 지미가 왜 그런 행동을 하는지 이해할 수 없다고 말한다. 지미는 계속 “엄마는 아주 나빠요. 나는 엄마가 싫어요”라고 외친다.

이것은 대다수의 집에서 흔히 일어나는 상황의 예이다. 처음에는 이렇게 짜증나게 만드는 문제 행동이 궁극에는 엄마와 자녀를 기분 상하게 하는 행동이 되는 것이다. 당신은 의아할 수가 있다. 왜 자녀가 종종 다른 성인과 대화를 하거나 전화를 할 때 방해를 하는지? 부모가 어떻게 하면 자녀의 행동을 멈추게 할 수 있는지? 이러한 문제를 다룰 수 있는 방법들은 있고 방해하는 문제를 가진 자녀의 부모들에게는 도움이 될 수 있을 것이다.

앞의 예를 살펴보면, 많은 단서들이 보인다. 엄마가 지적한 것처럼 지미는 어리기 때문에 더욱 이런 행동에 집착을 보인다. 사실상, 엄마는 그가 네 살이었을 때 그의 행동을 이해했지만, 한편으로는 더 나은 행동을 배워야만 한다고 느꼈다. 대부분의 어린 자녀가 부모를 방해하려고 하는 것은 사실이다. 이것은 충동적인 행동이다. 어린 자녀는 자기 통제 능력이 부족하고 그들의 생각에서 오는 대부분의 욕구가 행동으로 전환된다. 어린 자녀는 부모가 무언가를 하더라도 자신이 말하고 싶은 질문과 생각만을 가지고 부모에게 접근할 것이다.

왜 아동은 방해를 하는가

어떤 아동들이 아동기 중반까지 다른 사람들을 방해하는 성향을 가지고 자라는가? 이에 대한 답은 자기 통제력 때문이다. 아동기 후반에도 충동 통제에 어려움을 가지는 아동들은 다양한 문제들을 보인다. 형편없는 판단력, 잦은 드러누움(자신이 일으킨 문제를 덮기 위한 시도), 불쑥 말하기, 교통 상황을 조심스럽게 살피지 않기 등등이 있다.

충동 성향을 보이는 아동들은 성인들을 방해하곤 한다. 앞의 예에서 엄마는 옳다. 대부분의 아동들이 그 나이에 하지 않는 문제 행동을 지미는 보인 것이다. 지미는 많은 행동적 문제를 야기시키고 성인을 방해하는 행동을 보이는 자기 통제 능력이 부족한 충동적 아동이다. 다시 말해서, 지미의 통제 불가능한 행동에 대해서 부모들이 개입하여 도와야 한다. 부모 또한 비슷하게 충동적일 수 있으므로 이 책을 읽어야 한다. 이러한 문제를 해결하는 데 이 책은 큰 도움이 될 것이다.

"자녀는 고의적으로 방해를 한다!"

때로는 부모가 전화를 할 때까지 기다렸다가 자녀가 고의적으로 말을 하는 것으로 생각할 수가 있다. 고의적으로 기다렸다가 괴롭히고 귀찮게 한다고 생각하는 것이다. 이러한 생각은 조심해야 한다. 이러한 가정은 자녀를 비방하는 것이 된다. 부모들의 이러한 신념은 자녀에게 더욱 화를 내게 만든다.

대신에, 자녀들이 많은 상황에서 이러한 행동을 보임을 알아야 한다. 때로는 이것이 문제라고 부모들은 느낀다. 때로는 이런 행동들은 참을 수 있고 받아들일 수 있는 것이라고 생각되기도 한다. 방해가 이러한 예가 될 수 있다. 자녀들은 갑자기 떠오르는 말을 하기 위하여 당신에게 다가온다. 당신이 집안일을 다했을 때는 자녀가 당신을 방해한다고 생각하지 않는다. 비슷한 예로 당신이 TV를 시청할 때 또는 배우자와 이야기를 나눌 때 자녀의 행동을 충동적으로 생각하지 않을 수도 있다. 그러나 이러한 것이 불편하고 짜증날 때, 즉 전화상황과 같을 때 자녀가 일부러 그렇게 한다고 느낄 수가 있다. 자녀가 다른 때에도 이렇게 행동했다는 것을 당신은 생각하지 못하고 방해하기 위한 시간을 기다렸다고 생각할 수가 있다.

추가적 기여 요소들

갈등을 야기하는 것에 기여하는 추가적 요소들이 있다. 엄마의 지시에 일관성이 없었고, 구체적 지시를 주지 않았으며 의구심을 가지고 자녀에 대한 기대를 표현하였다. 지미가 엄마를 방해하는 것을 멈출 만한 이유가 없었다. (자신의 행동과 습관을 수정해야 할 만한 이유가 없었다.) 추가적으로 엄마는 지미가 계속 떼를 쓰자 점차적으로 짜증이 나고 귀찮아지기 시작했다. 자신의 짜증으로 지미는 더욱 화를 내기 시작하였다. 또한 엄마가 전화하는 상대방 앞에서 자신을 창피해했다는 사실이 더욱 통제력을 잃게 만들었다.

준비

아동이 부모를 방해할 때 이를 수정할 만한 특별한 방법을 알기 전에 나는 몇 가지 원리를 제공하고자 한다. 질문의 형태로 지시를 하지 않도록 한다. 항상 명확하고 구체적이어야 한다(1단계처럼). 이러한 상황 전에 당신의 지시를 언급하는 것이 최선이며 눈 맞춤의 중요성을 기억하도록 한다(1단계를 보도록 한다). 이러한 것이 가능하지 않을 때, 당신이 하고 있는 것을 방해할 때(예를 들어, 전화하고 있는 동안 상대방에게 잠시 기다려 달라고 요청하기) 1단계 절차를 사용하여 지시하도록 한다. 당신의 분노와 좌절의 수위를 조절하면서 갈등과 분노 행동을 일으킬 수 있는 모욕과 수치심을 자녀에게 주지 않도록 한다.

계획

당신은 왜 아동이 방해를 하는지 이해하고 어떻게 이러한 문제를 해결할 것인가? 우리는 Barkley(2000)에 의해 논의된 기법들을 따를 것이고 내 연구(Kapalka, 2003b)들을 통하여 정교화하고 확장할 것이다. 이러한 원리와 단계들은 7단계의 집 밖에서 자녀를 관리하는 방법과 비슷하다.

- 규칙을 정하고
- 규칙을 따르는 것에 대한 보상을 주고
- 규칙을 따르는 것에 관한 결과를 설정하고
- 상황을 연습하고
- 과정을 반복한다.

지금부터 우리는 방해를 하지 못하게 하는데 관계되는 상세한 요소들을 살펴볼 것이다.

규칙 정하기

당신이 전화로 대화를 나누기 전에 이러한 문제를 표명하고 구조화하는 것이 필요하다. 이러한 문제에 관하여 수정하고자 할 때 하루 날짜를 정하도록 한다. 하루를 시작할 때, 1단계 기법을 사용하여 당신이 전화를 할 때 자녀에게 기대하는 것에 관한 규칙을 정하도록 한다. 명백하고 구체적으로 하는 것이 중요하다. 예를 들어, "내가 전화를 할 때는 방해하지 마라. 그리고 네가 말하고자 하는 것이 무엇이든지 간에 나에게 말하기 위해서는 기다려야 해"라고 말하도록 한다. 자녀가 당신이 말한 것을 반복하도록 요청할 수 있다.

규칙을 따르는 것에 대한 보상을 정하기

다음으로 규칙을 따르는 것에 관한 보상을 정하도록 한다. 자녀에게 명백하고 구체적으로 규칙을 따르는 것에 대한 보상을 주도록 한다. 다시 말해서 명백하게 제시해야 한다. 좋은 행동에 관한 보상으로 칩이나 스티커를 주는 행동 계약이 있기 때문에 칩 보상을 주는 것이 도움이 될 것이다. ("네가 이러한 규칙을 따르고 전화를 하는 동안 나를 방해하지 않으면 나는 너에게 두 개의 칩을 줄 것이다.") 자녀는 이러한 것에 익숙해져 있을 것이며 좋은 행동을 통해 보상을 얻게 됨을 수락하고 이러한 보상을 얻기 위하여 노력할 것이다. 매우 어린 아동일수록 과제를 잘 수행한 후에 사탕과 같은 것으로 바로 보상을 해주는 것이 도움이 될 수 있다. 그러나 초기 설정에서 명백하고 상세하며 현실적인 규칙을 주는 것이 중요함을 명심해야 한다. 보상은 아동이 언급된 규칙을 성공적으로 따른 후에 주어져야만 한다.

규칙을 따르지 않음에 대한 결과

다음으로, 당신이 지금 설명한 규칙을 따르지 않은 결과를 정하도록 한다. 처음으로 자녀는 이전에 지시한 보상을 얻지 못할 수가 있다. 많은 상황에서, 규칙을 따르지 못하는 것에 관한 자연적 결과이다. 그가 칩을 벌지 못한다면, 보상을 얻지도 못할 것이다. 그러나 때로는 이러한 규칙을 깨는 것에 관한 부정적인 결과가 도움이 될 수도 있다. 가장 적합한 부정적인 결과들은 받기로 했던 보상을 받지 못하거나 가지고 있던 것을 뺏기는 것이다. 예를 들어, 자녀가 방해하지 않으면 두 개의 칩을 받을 수 있을 것이라고 약속했는데, 그가 대화를 방해한다면 두 개의 칩을 뺏기는 것이다. 부모가 언급한 결과를 자녀가 반복하여 말하게 한다. 그는 어떤 규칙을 따를지를 배우고 규칙을 따르지 않음으로써 보상을 잃게 될 것이다.

상황 연습하기

일단 규칙과 결과를 명백하게 설정하고 목표 상황을 연습하도록 한다. 여기에서 당신은 이전 단계에서 했던 것과 다르게 수행해야만 할 것이다. 당신은 물론 전화를 기다릴 수 있다. 그러나 언제 전화를 받을 지 알 수 없고 자녀가 당신이 정해놓은 규칙을 계속 잘 기억할지도 의문이다. 더욱이, 대화를 하는 동안 예측할 수 없게 되고 대화가 길어질 때, 당신을 방해하는 충동을 억누르고 충분한 자기 통제 능력을 자녀가 보여주기는 어렵다.

 그러므로 자녀가 이런 과업을 연습할 기회를 많이 가진다면 당신은 더 큰 향상을 경험하게 될 것이다. 전화를 하는 동안 자녀가 방해하지 않도록 하는 훈련을 위해서 친구나 친척들에게 1~2주 동안 여러 번 전화를 할 것임을 이야기해두도록 한다. 가짜 전화를 하는 것도 효과적이다. 당신이 이런 문제에 대한 작업을 시작하려고 할 때, 자녀에게 오늘 여러 번의 전화가 올 것이고 규칙을 잘 따라야함을 상기시켜 주도록 한다. 긍정적이고 부정적인 결과를 주도록 한다. 이러한 규칙을 반복하여 알려주고 결과 또한 알려주도록 한다. 그러고 나서 몇 분 후에 실제 연습하는 전화를 한다. 어떤 사람이 전화를 하고(때로는 전화하는 것처럼 연기하도록 한다) 몇 분 동안 전화 통화를 한다. 자녀의 나이에 따라 대화의 길이를 결정하도록 한다. 자녀가 어리면 어릴수록 초기에는 짧아야 한다. 4~5세의 자녀들에게는 2~3분의 전화로 시도해보는 것이 좋다. 7~8세 자녀의 경우에는 5분의 대화가 적당하다.

당신이 '전화'를 하기 전에 자녀에게 말하는 것은 도움이 된다. "나는 지금 전화를 할 것이고, 규칙과 결과를 잘 생각하도록 해라." 그러고 나서 전화를 한다. 초기 목표 시간을 초과하지 않아야 함을 명심하도록 한다. 당신이 전화하는 동안 방에 자녀가 있다면 손짓으로 자녀에게 규칙을 상기시켜 주도록 한다. 예를 들어, '멈춰' 동작으로 당신의 손을 올리는 것과 같은 수신호를 보낼 수 있다. 자녀가 계속 방해를 한다면, 전화하는 것을 멈추도록 한다. 차분하게 자녀를 밖으로 나오게 하고 그에게 이전에 정한 규칙을 알려주며 대화를 마치기 위해 돌아오도록 한다. 대화를 마친 후에, 자녀에게 다가가 차분하게 일어난 일을 살펴보게 한 후 다시 할 수 있게 또 다른 기회를 줄 것이라고 말해준다.

과정을 반복하기

이러한 연습들을 반복하는 것이 매우 중요하다. 첫날에 당신은 이러한 절차를 수행하고 적어도 다섯 번 정도 반복을 계획하도록 한다. 이러한 상황을 연습하는 데 더 많은 기회를 가지면 가질수록 더 많이 배우게 될 것이다. 처음에 자녀가 전화를 하는 동안 몇 번 방해를 한다고 낙

담해서는 안 된다. 욕구를 누르고 자기 통제력을 충분히 키울 수 있기 위해서는 많은 노력과 연습을 해야 한다. 당신의 전화 대화시간을 연장하기 이전에 적어도 4~5번의 연속적인 성공의 기초를 마련하도록 한다. 기초적인 성공을 획득한 후에 약 2분 정도씩 또 다른 성공을 할 때까지 반복하여 연습하도록 한다. 일반적인 전화 대화의 길이에 도달하기까지 시간을 조금씩 확장하도록 한다.

어떤 부모들은 "음, 그러나 내가 전화를 받을 때 아동이 나를 방해한다면 무엇을 해야 하나요?"라고 물을 것이다. 당신은 쉽게 이 절차를 수행하는 것이다. 전화벨이 울리는 동안, 당신의 자녀에게 이전에 세운 규칙을 기억하게 하고 앞에서 언급한 것처럼 나아가도록 한다. 이러한 기술을 연습하기에 충분한 기회들이 많이 주어지면 주어질수록 다른 비슷한 상황들에 이러한 기술들을 적용시킬 수 있다. 그리고 자녀의 방해를 감소시킬 수 있을 것이다.

다른 상황에서 이러한 기법을 사용하기

여기에 묘사된 이러한 기법은 다른 상황에서 방해받는 문제가 발생했을 때 융통성 있게 적용할 수 있다. 예를 들어, 자녀가 다른 사람들과 대화할 때 방해를 한다면, 당신은 비슷하게 실제적 기회를 만들 수가 있다. 가짜 전화를 하는 것과 같이, 당신은 자녀가 방해하고 싶어 하는 충동성을 억누를 수 있도록 하기 위하여 짧은 대화를 하는 것이다. 아동이 짧은 대화에서 방해를 하지 않는다면, 점차적으로 대화의 시간을 늘리도록 한다.

적용

아동들의 경우 생각이 떠오를 때 말하고 싶어 하는 충동을 억누르는 것이 어렵다. 이 장에서 제시한 기법을 시행하기까지 자녀가 충동을 억누르기 위한 기회를 제시하도록 한다. 전화는 그렇게 하기 위한 편리한 방법이다. 전화하기 전에 규칙을 정하고 규칙을 따르는 것에 관한 결과와 따르지 않음에 대한 결과를 정하도록 한다. 자녀가 이해하게 만들어야 한다. 전화를 하고 전화 후에는 결과를 알려주도록 한다. 이것을 반복하도록 한다. 기억해야 하는 점은 "연습이 완전함을 만든다"는 것이다. 그래서 자녀에게 기회를 주면 줄수록 성공적 경험을 더욱 주게 될 것이다. 전화 통화 시 자녀가 방해하는 것을 고치고 나면, 자녀의 다른 일반적인 방해 상황에 확장 적용시켜 보도록 한다(예를 들어, 대화 속에서의 방해).

당신이 다른 문제로 나아가기 전에 적어도 2주 동안은 이러한 기법들을 사용하도록 한다.

Checklist 8

∶체크리스트 8

단계 8 : 방해하지 않도록 자녀를 지도

일반적으로 자녀들은 부모가 전화를 할 때 방해를 한다. 당신은 아래 제시된 절차를 시행해 보기 위하여 30분에서 1시간 정도의 시간을 소요할 수 있는 한가한 날을 정하도록 한다. 당신은 적어도 1~2주 동안 충분한 시간을 가지고 프로그램을 실시하도록 한다.

절차

1. 규칙 정하기
   - 당신이 이 절차를 시작하는 날, 첫 번째 전화를 하기 전에 자녀에게 규칙을 설명해주도록 한다. 자녀가 조용히 머무르며 전화를 하는 동안 당신을 방해하지 않도록 한다.
   - 명백하고 구체적으로 지시를 한다. 규칙은 "행동을 잘못 하지 말기"가 아니라 "내가 전화할 때 방해하지 마라"가 되어야 한다.

2. 규칙을 따르는 것에 대한 보상을 정하기

자녀가 규칙을 따르는 것에 관하여 배울 수 있는 사항을 명백하고 특정적이게 하도록 한다. 한 통의 전화당 한 개 또는 두 개의 칩이 적당하다.

3. 규칙을 따르지 않음에 대한 결과
- 보상을 주지 않도록 한다.
- 당신은 규칙을 따르지 않는 것에 관하여 칩을 빼앗는 방법을 사용할 수 있다.
- 당신은 시작하기 전에 자녀에게 규칙, 보상, 결과 등을 반복하여 다시 말하게 한다.

4. 상황 연습하기
- 자녀가 전화 통화 도중 방해하는 행동을 수정하기 위해 친구나 친척 등과 함께 연습을 계획하도록 한다. 한 사람 이상과 하도록 하고 가능하다면 가짜 전화 또한 효과적일 수 있다.
- 초기에 전화를 하는 동안 시간을 정하도록 한다. 다섯 살 아래의 아동에게는 약 2분 정도가 적당하고 나이가 많은 아동들에게는 약 5분 정도가 좋다.
- 자녀에게 전화를 한다고 말하도록 한다. 자녀에게 당신이 초기에 논의한 규칙과 결과를 알려주도록 한다.
- 자녀가 규칙을 어긴다면, 전화를 멈추고 보상이 없음을 알려주도록 한다. 당신이 사전에 계획한 대로 전화는 계속 하도록 한다.
- 자녀가 통제 불가능하다면 타임아웃을 하도록 한다.
- 자녀가 규칙을 따른다면 칭찬과 보상을 주도록 한다.

5. 과정을 반복하기

- 자녀가 성공적이지 못한다면, 15분가량 과정을 반복하도록 한다.

- 성공적이라면, 4~5번 정도 연속적으로 성공할 수 있을 때까지 과정을 반복하도록 한다.

- 그리고 나서 2분씩 시간을 늘리고 새로운 시간 간격으로 성공적인 전화를 4~5번 정도 계속 할 때까지 다시 반복하도록 한다.

전화 받기

자녀가 약 2주 동안 엄마가 전화를 걸 때에 성공적 수행을 하였으면, 이 절차를 전화 받을 때에도 적용해보도록 한다.

- 전화가 오면, 빨리 당신의 자녀에게 규칙과 긍정적, 부정적 결과를 알려주도록 한다.

- 위에 언급한 절차처럼 전화를 하고 시간을 제한하도록 한다.

- 전화를 걸 때처럼 절차를 반복하고, 반복적으로 성공할 때 전화 시간을 늘리도록 한다.

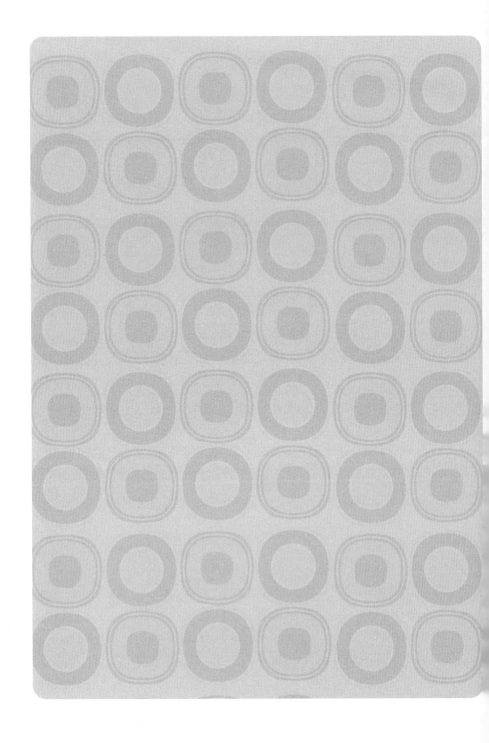

9단계-원활하게 다른 활동으로 이동하도록 돕기

Step 9 - Help Your Child with Transitions

11

드디어 이 프로그램 마지막 기법에 도달하였다. 당신은 다양한 문제에 사용할 수 있는 여러 가지 기법들을 알게 되었다. 전체적으로 자녀의 행동 문제가 향상될 수 있는 것을 알아야 한다. 앞의 두 장에서 당신은 집 밖의 상황과 방해받는 상황에서 통제 불가능한 행동에 추가적으로 행동 계약을 적용하는 것에 대해 배웠다. 당신이 앞의 두 장을 건너뛰었다면, 나는 이번 장에 묘사된 단계를 살피기 전에 다시 돌아가 앞의 장을 다시 살피기를 권하고 싶다. 당신이 시행하는 행동 계약이 효과적일 것임을 믿는 것은 매우 중요하다.

잘 짜여진 행동적 계약은 매일의 문제를 잘 다루게 하고 때때로 특정한 환경과 상황에서 일어나는 문제들과 어려움들을 성공적으로 해결하게 해준다. 일관된 결과를 사용함으로써 점차적으로 자녀는 행동을 선택하기 전에 생각하게 된다. 시간이 지남에 따라 이러한 것은 자동적으로 이루어지고 전반적으로 향상됨을 목격하게 될 것이다.

다양한 문제들을 행동 계약에서 다루어주어야 한다. 예를 들어, 어떤 아동은 한 가지 활동(장난감을 가지고 놀거나 TV를 시청하거나와 같은)에서 다른 활동(밖으로 나가거나 잠을 자거나)으로 전환하는 것을 힘들어 한다. 예를 들어 보자. 낸시는 다섯 살이다. 그녀는 TV를 끄고 저녁을 먹기 위해 손을 씻고, 장난감을 치우는 것에 있어서 종종 문제를 보인다. 그녀는 부모와 논쟁하거나 통제 능력을 잃고 분노 행동을 보이며 수행하지 않으려고 한다.

낸시는 거실에서 만화를 보고 있다. 저녁을 먹을 시간이고 아버지는 보통 때처럼 낸시가 TV를 떠나지 않을 것이고 저녁을 거부할 것임을 알고 있다. 아버지는 거실로 갔다. "낸시, 이제 TV를 꺼야 한다. 지금은 저녁 먹을 시간이다."

낸시는 "싫어요" 하고 소리친다.

아버지는 거실을 떠나서 다시 저녁식사를 준비한다. 몇 분이 지난 후에 아버지는 부엌에서 아동을 부른다. "낸시 밥 먹어야 하니 TV를 끄도록 해라"라고 말한다.

"싫어요. 만화가 아직 안 끝났단 말이에요."

아버지는 다시 음식을 준비하며 부엌에서 "낸시 너는 지금 밥 먹으로 와야 해"라고 소리친다.

낸시는 아무 반응이 없다. 아버지는 음식을 계속 만들면서 "낸시, 지금 당장 TV를 꺼라."

낸시가 다시 반응이 없자 아버지는 매우 화가 나기 시작하였다. 그는 낸시가 소리 지르고 때리고 발로 차고 할 것이라는 것을 안다. 그래도 "낸시!"하고 소리치며 부른다.

"나는 먹기 싫어요. 배고프지 않아요."

아버지는 정말 화가 나서 미칠 것만 같았다. 그는 낸시를 내버려두면 1시간 후에 배고프다고 밥을 요구할 것이고 그는 다시 낸시를 위해서 밥을 차릴 것이며 그렇게 되면 이렇게 소리치는 일을 피할 수 있다는 것을 알지만, 그래도 다시 거실로 가서 "아빠가 TV를 끄라고 했지. 너 대체 뭐가 문제야? 내가 말하는 게 안 들리니?"라고 소리친다.

"싫어요."

아버지는 어떻게 해야 할지를 몰랐다. 저녁은 이미 준비되었고 이런 상호 작용이 길어지다 보면 음식은 차갑게 될 것이다. 그는 다시 낸시의 팔을 잡아당기며 질질 끌고 가기 시작했다. TV는 여전히 켜져 있다. 낸시는 소리치며 울고 발로 차고 아버지로부터 벗어나기 위해서 난리를 친다. 그녀는 자신의 분노를 통제할 수 없어 바닥에서 뒹굴기까지 한다. 아버지는 생각한다. '이러한 일이 일어날 줄 알았어.'

아버지는 다시 손으로 낸시를 잡고 거실로 질질 끌고 간다. 낸시를 의자에 억지로 앉히자 계속 소리 지르고 반항을 한다. 바닥을 치고 집기들을 집어던지기 시작하였다.

아버지는 식탁에서 낸시의 의자를 빼주며 소리친다. "너 정말 이럴 거야? 치지마라, 이런 식으로 하면 지금 당장 침실로 가게 할거야." 낸시는 계속 운다. 아버지는 울고불고 소리치는 낸시를 의자에 앉게 하고 의자를 식탁쪽으로 당겨주며 낸시의 접시에 음식을 놓아준다. 낸시는 여전히 울고 음식접시를 집어던진다. 아버지는 "아, 너무 힘들고 스트레스 쌓이는군. 평화롭게 저녁을 먹을 수 있는 방법은 없을까?"라고 생각한다.

어떤 아동은 왜 다른 활동으로 전환하는 것이 힘들까

어떤 아동들에게는 현재 활동에서 다른 활동으로의 전환이 왜 어려운가? 이러한 것을 어떻게 설명할 수 있을까? 모든 행동 문제에는 많은 기여 요소들이 있다. 그것들을 이해하는 것이 이러한 어려움들을 가진 부모들에게는 도움이 될 수 있다.

앞에 제시된 예를 다시 살펴보도록 하자. 낸시의 아버지는 정규적으로 이러한 일들을 경험하였다. 낸시가 한 가지 활동을 할 때, 그녀는 다른 활동으로 이동하기를 거부하였다. 한 가지 이유는 명확하다. 낸시는 그녀가 하고 있는 것을 즐기고 있고, 그만두기를 원하지 않는다. 성인이라도 즐기고 있는 것을 그만두라고 한다면 속상할 것이다. 당신이 재미있는 쇼를 보고 있는데 그만 보라고 누군가가 말한다면 화가 날 것이다. 당신의 반응은 어떠할까? 당신은 아마도 혼자서 "난 원하지 않아. 나는 마치지 못했어." 그러나 당신은 이러한 생각들을 말로 하기 전에 주변 상황들을 먼저 살필 것이다. 당신 스스로 생각할 수가 있다. "그래, 나는 원하지 않지만 지금은 저녁식사 시간이고 먹어야 하지." 그래서 당신은 반응을 선택하고 무엇을 할지 결정하기 전에 상황을 적절히 살펴 적합한 반응들을 선택하는 것이다.

그러나 많은 아동들은 상황을 잘 살필 수 있는 능력들이 아직 발달하지 못해서 "아니, 나는 원하지 않아. 나는 더 놀거야"라는 반응을 보일 수 있다. 자기 통제력을 가진 자녀는 일단 멈추고 생각한 다음 엄마가 말한 지금이 저녁식사 시간임을 인식한다. 아무리 자신이 원하지 않더라도 자신이 저녁식사를 하러 가야만 한다는 것을 아는 것이다. 그러나 자기 통제력이 부족한 아동들은 초기 충동을 억누르는 것에 어려움이 있고 부정적으로 반응할 것이며 자신의 전환에 대해서 반항하고 싶을 것이다. 낸시는 충동성과 자기 통제력 부족으로 인한 많은 문제들을 보이고 있으며 부모의 도움이 필요한 아동이다. 이 책에서 알려주는 기법들은 이러한 많은 문제들을 수정하는 것에 목표를 두고 있다.

준비

앞에 제시된 예에서 아버지의 기대에 주목해야 한다. 왜냐하면 그는 많은 비슷한 문제들을 경험하였기 때문에 가장 안 좋은 상황도 예상할 수가 있다. 낸시가 거부함에 따라서 아버지는 점점 화가 나고 짜증이 나게 되었다. 아버지의 화가 가중됨에 따라서 낸시도 더 화가 나고 짜증이 났다. 결과적으로 그들은 자신의 자기 통제력과 분노를 돌아보지 않아 신체적 직면으로 상호 작용을 하게 된 것이다. 대신에, 낸시 아버지의 분노와 좌절이 감정을 지배하지 않게 하고 그가 통제력을 유지하는 것이 크게 도움이 되었을 것이다. 낸시 아버지가 차분하게 대처했다면, 낸시 또한 짜증과 분노가 가중되지 않았을 것이고 그렇게 즐겁지 못한 상황들에 직면하지 않았을 것이다.

문제에 기여하는 추가적인 원인들이 있다. 명백하게 1~2단계의 지시 방법을 사용하지 않은 것이 문제이다. 결과적으로 그의 지시는 효과적이지 못하였고, 여러 번 반복하여 지시할 수밖에 없게 만든다. 반복함에 따라서 상황은 더욱 악화되고 아버지 또한 충분히 스스로 준비를 하지 못한 것이다. 과거에 이러한 상황을 설명할 때, 어려움과 갈등이 야기되었으므로 차분함을 유지하는 추가적인 노력도 매우 중요하다.

계획

이동의 문제를 어떻게 다룰 것인가? 다시 말해서 우리는 Barkley(2000)의 기법들을 수정하여 사용할 것이다. 제7, 8장에서 이미 사용된 원리들을 따르고, 특히 이 문제에 적용할 수 있게 조금 수정하였다.

- 규칙 정하기
- 규칙에 따르는 것에 대한 보상을 정하기
- 규칙을 따르지 않는 것에 대한 결과
- 충분한 경고를 주기
- 이동의 시행
- 연습

이동의 문제를 해결하는 방법들을 설명하도록 하겠다.

규칙 정하기

7, 8단계에 따라 상황을 설명하기 전에 적합한 구조를 세워야 할 필요

가 있다. 한 가지 활동에서 다른 활동으로 이동할 때, 1단계의 기법에 따라 이동을 하는 동안 필요한 규칙들을 세우도록 한다. 명백하고 구체적으로 해야 한다. 예를 들어 "우리가 몇 분 후에는 저녁을 먹을 것이기 때문에 나는 TV를 끄라고 말할 것이다. 너는 그렇게 해야만 한다."

당신은 자녀가 다른 활동으로 이동해야 할 때 자녀에게 준비할 시간을 주어야 한다. 통제력이 부족한 자녀들은 활동을 바꿔야 할 때 매우 속상해 할 수가 있다. 충분한 경고 없이는 그들의 뇌는 준비할 기회를 가지고 있지 않아서 반항적인 반응들이 더욱더 강해질 수 있다. 따라서 당신은 일어날 일에 대해서 자녀의 뇌가 준비할 수 있도록 도와야만 한다.

규칙을 따르는 것에 대한 보상을 정하기

자녀가 당신의 규칙을 따르는 것에 대한 보상은 명확하고 구체적이어야 한다. 좋은 행동에 대해서 보상을 주는 방법으로 스티커와 칩을 주는 기능적인 행동적 계약은 아동이 자연스럽게 받아들일 것이다. 예를 들어 "내가 말했을 때 TV를 끈다면 나는 두 개의 칩을 줄 거야." 자녀들은 좋은 행동을 해야 이러한 보상들을 얻을 수 있음에 대해서 알고 그렇게 열심히 할 만한 가치가 있다는 것을 인식하고 있다. 매우 어린 자녀일수록 과업을 완수한 후에 사탕이나 비슷한 보상으로 곧바로 주는 것이 좋다. 그러나 명백하고 자세하며 현실적인 규칙을 초기에 설정해주는 것이 중요하다. 보상은 언급한 규칙을 잘 따라 성공적으로 수행한 후에 주도록 한다.

규칙을 따르지 않는 것에 대한 결과

다른 활동으로 자녀가 적절하게 이동하지 않는다면 그에 대한 결과를 정해주도록 한다. 처음으로, 자녀는 당신이 이전에 지시한 것에 대한 보상을 얻지 못할 것이다. 많은 상황에서 규칙을 따르지 않으면 거기에 부응하는 결과를 받는 것이다. 자녀가 올바르게 이동을 하지 못하였다면 자녀는 보상을 받지 못할 것이다. 그러나 때로는 규칙을 어김으로써 부정적인 결과를 얻게 되는 것이 도움이 될 수도 있다. 가장 적합한 부정적 결과는 규칙을 따르지 않으면 보상 또한 얻을 수 없음을 보여주는 것이다. 요구할 때 TV를 끄면 두 개의 칩을 보상해주기로 했는데, 자녀가 이러한 것에 순응하지 않을 경우 칩을 잃을 것이다. 당신은 결과를 언급하고 반복하여 말하게 한다. 자녀는 적합하고 적절하게 이동함으로써 보상을 얻고 그렇게 하지 않으면 보상을 잃을 것이다.

충분한 경고를 주기

이동할 수 있는 시간을 주면서 올바른 지시를 주는 것이 중요하다. 이것은 자녀에게 이동이 있을 것이라는 것에 대해 정신적으로 준비할 시간을 주는 것이다. 이동이 필요할 때는 자녀의 자기 통제 능력을 훈련하기에 적합한 때이다. 비록 다른 활동으로 적합하게 이동하지 않았을지라도(예를 들어, 자녀가 저녁을 먹기 위해서 즐기는 활동을 종결해야 할 때).

당신은 자녀에게 충분한 경고를 주어야만 한다. 때로는 '세 번의 종'과 같은 접근을 사용해도 된다. 이러한 방법은 극장이나 콘서트 장에서 휴식 시간 동안에 사용하는 방법들이다. 첫 번째 종은 관중들이 극장에 돌아오기를 바라는 것이고, 두 번째 종은 곧 쇼가 시작될 것임을 알리는 것이며, 세 번째 종은 쇼가 지금 시작한다는 것을 의미하는 것이다. 이러한 것을 집에 적용했을 때 효과적이다. 첫 번째 '종'은 아동이 이동할 때의 행동 규칙을 정하는 것이다. 두 번째 '종'은 아동이 지금부터 이동해야 함을 기억하게 하는 경고이다. 실제 이동의 2~3분 정도 전이어야 한다. 세 번째 '종'은 실제 이동이 시작되어야 함을 알리는 종이다.

자녀가 다른 활동으로 이동을 잘 할 수 있게끔 구조를 알려주는 것이 중요하다. 자녀에게 시간을 말해주어 시계를 보도록 하고 다른 활동으로 이동이 일어나야 함을 알려주도록 한다. 그리고 나서 2~3분 후에 두 번째 '종'을 치도록 한다. 시간 간격의 개념이 잡히지 않은 어린 자녀일수록 시간을 주는 것은 의미가 없다. 왜냐하면 어린 자녀들은 시간 구조 계획을 세워도 그 자체에 자신이 어떻게 개입되는지를 알지 못할 수가 있기 때문이다. 대신에, 자녀에게 구체적 시간 구조를 잡아주는 것이 나을 수도 있다. 예를 들어, 자녀가 TV를 보고 있다면, 부모들은 "다음 광고가 나오면 너는 TV를 꺼야 할 것이다." 또 다른 제안은 타이머를 사용하는 것이다. 5분 동안 타이머를 정해 자녀의 앞에 놓도록 한다. 그리고 나서 시간을 통해 자녀에게 두 번째 종과 같은 것임을 알려주도록 한다. 세 번째 '종'은 타이머가 꺼질 때이고 다른 활동으로 이동을 하게 한다.

이동의 시행

규칙과 결과가 명확하게 설정되었다면 자녀가 아동이 이동하게끔 해야 한다. 단호하고 차분하게 하도록 한다. 어떠한 경고도 하지 말아야 하고 어떠한 반응에도 불구하고 곧바로 이동해야 한다. 자녀가 성공적으로 이동한다면, 긍정적인 결과를 주도록 하고 당신의 규칙을 따른 것에 대하여 칭찬하도록 한다. 자녀가 당신이 요청한 대로 이동하지 않는다면, 자녀가 지금 하고 있는 활동을 하지 못하게 해야 한다. TV를 끄고 비디오게임을 못하게 하거나 장난감을 가지고 놀지 못하게 한다. 소리 지르거나 갈등을 보이지 않도록 한다. 단지 적합한 부정적인 결과들을 자녀에게 주도록 한다(이전에 당신이 규칙을 정한 것에 따라서).

　자녀가 분노 행동을 보인다면 어떻게 할 것인가? 당신은 제3장에서 논의한 것처럼 타임아웃을 지시하도록 한다. 자녀가 보일 어떠한 반응에도 대비하는 것이 중요하다. 다시 말해서, 충분한 시간을 허락해주고 상황을 설명할 수 없을 수도 있다. 타임아웃이 불가능하다면(예를 들어 당신이 집을 떠날 준비를 해야만 할 때) 자녀가 아무리 울고 난리를 쳐도 이동하게 한다. 가장 중요한 것은 당신이 말하는 것을 따르게 하는 것이고 당신이 정한 부정적인 결과를 주도록 한다.

연습

앞장에 제시된 기법에 따라서 이번 단계에서는 연습을 하는 것이 중요하다. 당신이 이동을 시행하는 새로운 방법에 자녀가 익숙해지면 익숙해질수록 원활히 순응하게 될 것이다. 당신이 이런 기법에 익숙해지기 시작할 때, 다양한 상황에서 연습을 해보도록 한다. 자녀는 이러한 기법에 익숙해짐에 따라서 매번 이동할 때 더욱 자기 통제력을 보이기 시작할 것이다. 이때 당신도 일관되게 시간을 주도록 한다. 당신이 이러한 기법을 사용하면 할수록 긍정적인 변화를 보게 될 것이다.

적용

이동을 하는 동안 자녀는 일차적으로 분노 행동을 보이고, 하고 있던 활동을 계속하고 싶은 욕구에 저항하기가 어려울 수도 있다. 경고를 줌으로써 당신은 앞으로 올 것에 대한 변화의 과정을 자녀의 뇌에서 준비하게 한다. 긍정적이고 부정적인 결과를 정해주고 이동을 시행하도록 한다. 그 이후에 적합한 결과를 시행하도록 한다.

Checklist 9

:체크리스트 9

단계 9 : 원활하게 다른 활동으로 이동하도록 돕기

종종 한 활동에서 다른 활동으로 이동하는 것은 어렵다. 자녀는 계속 자신이 하던 활동을 하려고 할 수 있고 짜증을 내고 분노 행동을 보일 수도 있다.

절차

1. 규칙 정하기

이동을 하기 전에 5분가량 자녀가 수행해야만 하는 특정한 행동에 대해서 자녀에게 알려주도록 한다.

2. 규칙을 따르는 것에 따르는 보상 정하기

자녀에게 특별한 보상을 주고 자녀가 이동을 잘 했을 때 보상을 받을 수가 있다.

3. 규칙을 따르지 않는 것에 대한 결과

당신이 요구하였을 때, 이동을 하지 않은 것에 대한 부정적인 결과를 정하도록 한다.

4. 충분한 경고를 주기
이동하기 전에 약 2분 정도를 주고 두 번째 경고를 한다.

5. 이동의 시행

- 집중할 수 있도록 하기("나를 보아라"와 같이)
- 이동에 대한 지시를 주기. 자녀가 그것을 즉각적으로 하는 것에 대한 보상을 주기
- 지시한 후에 15~20초 동안 이동을 잘 하는지 보도록 하기
- 자녀가 처음 시도에 순응한다면, 보상을 주고 칭찬하도록 한다. 비순응한다면 결과를 주고 이동하게 한다.

6. 연습
8단계(자녀가 방해할 때)의 절차에서 했던 것처럼 기법을 연습해보도록 한다.

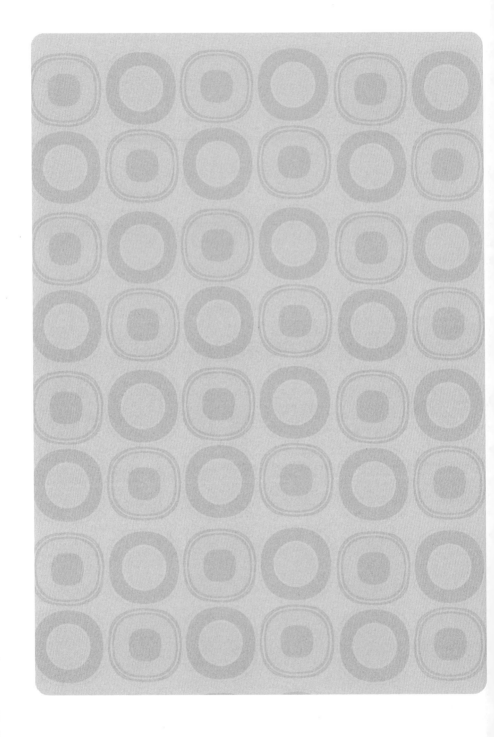

適용

Putting It All Together

12

이 프로그램을 마치게 되어서 축하한다! 여기까지 도달했다는 것은 부모가 헌신과 인내, 노력을 보여주었다는 것을 의미한다. 프로그램을 마치면서 자녀의 많은 행동적 문제에 적합한 행동적 기법들을 적용하는 방법을 배웠다. 나는 이러한 기법의 사용이 자녀의 행동 전반에 도움이 되기를 바란다. 자녀가 더 이상 '통제 불가능' 해 보이지 않아야만 한다.

장기간 관리

대부분의 부모들처럼, 이 책에 논의된 일관된 기법을 사용하는데는 많은 노력이 필요함을 당신은 배웠다. 행동적 계약을 유지하는 것은 시간이 걸리는 작업이다. 많은 부모들이 궁금해하는 "내가 이러한 절차를 어떻게 오래 사용할 것인가?"에 대한 답은 "하기 나름이고 하는 것에 달려 있다"이다.

1~2단계

어떤 기법이든 일관되게 꾸준히 사용하는 것이 중요하다. 1~2단계는 이런 범주에 해당한다. 지시하는 방법을 사용하는 것은 당신의 삶에서 새로운 것들이다. 나는 이 단계의 체크리스트를 적극적으로 사용하고 그것들을 자주 살피기를 권하고 싶다. 충동적 성향과 자기 통제력 문제를 가진 아동들의 부모가 어떤 기법을 꾸준히 사용하지 않는다면 다시 예전의 문제 행동을 보일 수가 있다. 이러한 점을 받아들이고 지시를 할 때는 항상 눈 맞춤을 하고 산만해서는 안 되며 자녀가 당신에게 지시를 반복하여 말하게 한다. 절차를 잊었다면, 이러한 단계를 다시 읽고 체크리스트를 살피도록 한다. 심지어 자녀가 청소년이라면, 이 단계를 계속 수행하는 것이 당신의 욕구와 기대를 명확하고 정확하며 일관된 방식으로 전달하게 되는 것이다.

청소년과 함께 할 때는 1단계의 기법을 계속 추후 수정하여 사용하는 것이 필요하다. 청소년들은 권위에 도전함으로써 그들 스스로를 나타내려고 한다. 스스로 자신의 삶과 운명을 얼마나 어떻게 통제할 수 있는지 살피려고 할 것이다. 눈 맞춤을 한 후(적어도 당신은 청소년이 주목하게 해야 한다) 명확하고 정확한 지시를 한다. 자녀를 계속 지켜 보는 대신에 가까운 곳에서 상호 작용하도록 하고 순응을 얻을 때까지 당신은 주변에 있어야 한다. 이러한 방법은 효과적이며 자녀도 메시지를 얻게 될 것이다. 2단계를 적용할 때는 이렇게 한 것을 수정하지 말도록 한다. 지시할 때 지나치게 반복하지 않는 것은 모든 자녀에게 중요하다. 이번 단계는 청소년기까지 효과적일 것이다.

3단계

얼마나 오랫동안 3단계 타임아웃을 사용할 것인가? 이것은 하기에 달려 있다. 대부분의 부모들은 이 책에서 묘사된 모든 기법들을 계속 사용하면 그들의 자녀는 차분하게 행동하고 분노 행동은 점차 사라지게 될 것을 안다. 이러한 것에는 몇 가지 긍정적인 이유가 있다. 당신이 지금 명백하고 정확한 기대를 표현하며 결과들을 명확하게 하면 자녀는 자기 통제력을 배우게 된다. 시간이 지남에 따라 타임아웃을 하는 시간은 줄어들 것이다. 당신은 어떤 분노 행동에 관한 일관된 구조를 만들어서 매번 일어날 때마다 실시해야 한다.

기억해야 할 점은 당신이 부주의하지 않을 때가 가장 효과적이다. 준비는 성공적 행동 관리를 위해서 선행되어야 하는 것이다. 당신이 타임아웃을 할 필요는 없으나, 자녀가 화가 나고 속상해 할 때 자신의 방을 사용하게 한다. 자녀가 스스로를 통제할 수 있게 방으로 가게 한다. 필요하다면 함께 가도록 한다. 자녀가 부모의 부정적인 결과 지시에 분노를 보이지 않는다면, 그의 방으로 가서 차분하게 하고 오라고 한다. 이것은 벌을 주는 것을 의미하는 것이 아니다. 그가 문제를 보이지 않을 것임을 상호 작용할 때 명확하게 하도록 한다. 즉 자녀 스스로 준비가 되면 언제든지 방에서 나올 수가 있다. 자녀는 이런 개입을 부정적으로 보지 않게 될 것이고 점차 부모와 협력하려고 할 것이다. 이런 기법은 청소년기까지 잘 적용할 수 있다.

4, 5, 6단계

계약이라는 것이 무엇인가? 이러한 점수 제도를 사용하는 것이 얼마 동안 필요할까? 많은 경험에 따르면 이런 프로그램들은 자녀의 문제가 사라졌을 때는 계속 하지 않을 것이다. 행동 계약을 유지하는 데는 시간과 노력이 필요하다. 정규적으로 부모가 기대하는 것을 자녀가 잘 수행할 때는 과업 목록을 다시 살펴볼 수가 있다. 전반적으로 문제가 사라졌을 때 더 이상 자녀의 특권을 계속 제한할 필요가 없음을 알 수 있다.

계약을 그만두었을 때도 자녀는 점차적으로 문제 행동을 보일 수 있다. 처음에는 문제 행동이 사라졌다가도 다시 문제 행동을 보일 수가 있다. 어린 자녀들일수록 충동적이면 자기 통제력에 문제를 보일 수 있다. 따라서 비록 간소화 하더라도 행동 계약은 계속 하는 것이 적합하다. 6단계의 제안들을 고려해보고 특히 부분적으로 나누어 해 볼 수도 있다.

또한 행동 계약을 계속 유지하지 않아도 되지만 한두 가지의 꾸준한 관심을 요구하는 영역에 대해서는 계속 실시하도록 한다(예를 들어, 숙제). 이러한 상황에서 자녀가 숙제를 잘 했을 때는 특권을 줄 수도 있다(예를 들어, 숙제를 잘 수행한 날에 컴퓨터를 할 수 있게 한다거나). 특히 이러한 접근은 청소년기에 적합하고 특정한 규칙(예를 들어, 통금 시간에 귀가하기)을 잘 수행한 후에 주어진 특권(예를 들어, 전화기 사용)을 할 수 있게 하는 것이다.

학교 수행에 있어서 문제 행동을 보일 경우 행동 계약은 크게 도움이 된다. 자기 통제력에 어려움을 보이는 자녀는 종종 학교에서 이러한 어려움들을 보인다. 어린 아동일수록 의자에 앉기를 힘들어 하고 나가려 하고 나누는 것을 어려워 한다. 나이 많은 아동들은 선생님과 논쟁하고 지시 따르기에 문제를 보인다. 이러한 어려움들을 행동 계약에 자녀 스스로 적게 한다.

제한된 특정 문제들에 관하여 아동의 일상을 살펴보아야만 하는 행동적 계약은 선생님에게 도움을 받도록 한다. 그리고 아동의 일상의 모습을 평가하게 한다. 교사에게 점수를 1~3점으로 해서 평가하도록 한다. 매우 어린 아동(4~5세)의 경우 잘했을 때는 행복한 표정을 그려 주고, 보통이면 덤덤한 표정, 그리고 못했으면 슬픈 표정으로 평가를 하게 한다.

자녀가 학교에서의 평가를 부모에게 보여줄 때까지 TV 보는 것을 제한하도록 한다. 그리고 보고서의 포인트에 따라서 자녀들은 그날의 보상을 받게 되는 것이다. 자녀가 보고서를 잃어버린다면, 당신은 모든 것이 부족하였다고 가정하여 특권도 제한하도록 한다. 이러한 접근은 매우 융통성이 있어야 하고 자녀의 욕구에 부응해야만 한다. 학교에서의 자기 통제력을 키울 수 있게 해야 하는 것이다. 이러한 유형 체제는 청소년기까지 성공적으로 적용할 수 있다. 자녀가 나이가 들면 계약을 통한 보상으로 친구들 만나는 데 차를 태워주거나 전화기 사용을 허락하거나 부모님의 차를 사용하게 할 수도 있다.

7, 8, 9단계

7, 8단계는 필요할 때 사용할 수 있는 것이다. 이러한 개입을 오랜 기간 동안 사용하는 부모는 별로 없다. 이 단계들은 문제 행동의 충동성을 억누르고 충분한 자기 통제력을 점차적으로 발달시키게 돕는 것이다. 당신은 이러한 절차를 통하여 자녀가 어렸을 때 그리고 나이가 들어서도 자기 관리 능력을 증진시키게 도울 수가 있다.

9단계는 무기한으로 사용될 수가 있다. 이동하는 동안 이러한 절차를 꾸준히 사용하는 것은 자녀가 이동해야 할 때 그가 즐기고 있는 활동을 스스로 멈출 수 있도록 도울 것이다. 이는 자녀가 청소년이 되었을 때 더욱 유용하게 사용될 수 있다. 예를 들어 당신이 열다섯 살의 자녀를 집에 데리고 올 때마다 문제가 있다면, 9단계를 사용하고 나이에 적합한 의미 있는 긍정적, 부정적 결과를 주도록 한다. 이러한 방식에 따라서 자녀는 좌절을 견디는 방법에 대해 배우게 되고, 더 멋진 성인이 될 수 있을 것이다.

확대 가족 또는 베이비시터와 함께 작업하기

확대 가족 구성원과 함께 이러한 기법을 사용하는 것이다. 당신의 이모, 삼촌, 조부모들은 당신의 행동 관리에 대해서 일관적이지 못한 태도를 보일 수가 있다. 나이 드신 분들은 우리가 논의했던 행동적 계약의 몇 가지에 대해서 회의적일 수가 있다. 일반적인 문제들은 중요하게 간주되어야만 한다. 30~40년 전의 자녀에 대한 양육은 오늘날과는 너무나 다르다. 사회적 기대와 의학적 영향, 지역사회의 기준들, 그리고 개인적 관점 등 많은 요소들이 이러한 차이점에 기여한다. 나이가 드신 분들은 종종 이러한 변화를 받아들이기 힘들어 한다.

당신이 자녀를 변화시키는 데 확대 가족들의 도움이 필요하다면, 계약에 융통성 있게 참여시켜야 한다. 당신은 학교 행동에 관하여 초기에 언급했던 방식으로 행동을 선택하거나 확대 가족(또는 베이비시터)이 관찰할 수 있는 행동을 정하도록 한다. 당신이 돌아왔을 때, 당신이 정한 규칙에 대해서 잘 수행했는지를 사람들에게 짧게 보고받을 수가 있다. 그리고 나서 당신이 세운 결과들을 수행하고 이러한 규칙을 잘 따랐으면 긍정적인 결과를, 따르지 못하였으면 부정적인 결과를 주도록 한다. 이런 방식으로 확대 가족 구성원 또는 베이비시터들과 함께 자녀가 자기 통제력을 키울 수 있게 할 수 있다.

결론

이 책의 앞부분에서 지적한 것처럼 앞서 논의한 기법들은 고정된 것이 아니라 계속 노력해야 하고 유지해야만 한다. 자녀의 문제 행동을 관리하는데 이러한 기법들이 크게 도움이 되기를 나는 바란다.

가장 중요한 점은 이러한 기법을 사용함으로써 자녀의 자기 통제 능력이 더욱더 발달되길 원한다. 충동적 경향성을 관리하고, 주요한 발달적 과업인 행동하기 전에 생각하고 멈추는 능력이 발달되기를 바란다. 이러한 기법들을 잘 수행하였을 때 더욱더 성공적인 성인이 되게 도울 수가 있다. 이 책에 논의된 전략들은 일관되며 긍정적 또는 부정적인 결과들을 통하여 부모가 자녀를 도울 수 있도록 고안하였다. 시간이 지남에 따라서 아동의 정확하고 긍정적인 행동은 긍정적인 결과를 만날 것이라 기대하게 되고, 부정적인 행동은 부정적인 결과를 가져올 것이라는 것을 알게 될 것이다. 이 책에서는 아동이 중요한 것을 배우도록 고안되었으며 수행 과정에서 스스로를 잘 관리하고 더 나은 삶을 살게 돕는다. 나는 행동 계획을 수행해 나가면서 보람을 느끼기를 희망한다. 당신은 자녀가 더 나은 성인이 될 수 있게 돕는 것이다.

: 참고문헌

Barkley, Russell. 1997. *Defiant Children: A Clinician's Manual for Assessment and Parent Training*. 2nd ed. New York: Guilford Press.

_____. 2000. *Taking Charge of ADHD: The Complete, Authoritative Guide for Parents*. Rev. ed. New York: Guilford Press.

Barkley, Russell, and Christine Benton. 1998. *Your Defiant Child: Eight Steps to Better Behavior*. New York: Guilford Press.

Barkley, Russell Mariellen Fischer, Craig Edelbrock, and Lori Smallish. 1991. The adolescent outcome of hyperactive children diagnosed by research criteria: III. Mother-child interactions, family conflicts, and maternal psychopathology. *Journal of Child Psychology and Psychiatry* 26:705-715.

Gershoff, Elizabeth. 2002. Corporal punishment by parents and associated child behaviors and experiences: A meta-analytic and theoretical review. *Psychological Bulletin* 128:539-579.

Kapalka, George. 2001a. Avoiding repetitions improves ADHD children's compliance with parent's commands. Paper presented at the annual meeting of the American Psychological Society, Toronto.

_____. 2001b. Two-to-four-minute time-out is sufficient with young children. Paper presented at the annual meeting of the American Academy of Child and Adolescent Psychiatry, Honolulu.

_____. 2003a. Reducing ADHD children's management problems in out-of home settings. *Resources in Education*, ERIC # ED474462. http://www.eric.ed.gov.

_____. 2003b. Reducing ADHD children's problems with interrupting at home. Paper presented at the annual meeting of the American Psychological Association, Toronto.

_____. 2004. Longer eye contact improves ADHD children's compliance with parent's commands. Journal of Attention Disorders 8:17-23.

_____. 2005. Reducing ADHD children's problems with transitions. Paper presented at the annual meeting of the American Psychological Association, Washington, DC.

_____. 2006. Efficacy of behavioral contracting with ADHD children. Paper presented at the annaul meeting of the American Psychological Society, New York.

Phelan, Thomas. 2003. *1-2-3 Magic: Effective Discipline for Children 2-12*. 3rd ed. Glen Ellyn, IL: ParentMagic.

: 찾아보기